财务轻松学系列

查账入门轻松学

周龙腾◎编著

中国宇航出版社
·北京·

图书在版编目（CIP）数据

查账入门轻松学／周龙腾编著．--北京：中国宇航出版社，2013.5

（财务轻松学系列）

ISBN 978-7-5159-0417-7

Ⅰ．①查…　Ⅱ．①周…　Ⅲ．①会计检查-基本知识　Ⅳ．①F231.6

中国版本图书馆CIP数据核字（2013）第094280号

策划编辑　董　琳　　封面设计　文道思
责任编辑　马　航　李书梅　　责任校对　许　磊

出版发行　中国宇航出版社

社　址　北京市阜成路8号　　邮　编　100830
(010)68768548

网　址　www.caphbook.com

经　销　新华书店

发行部　(010)68371900　　(010)88530478(传真)
(010)68768541　　(010)68767294(传真)

零售店　读者服务部　　北京宇航文苑
(010)68371105　　(010)62529336

承　印　北京嘉恒彩色印刷有限公司

版　次　2013年5月第1版　　2013年5月第1次印刷

规　格　880×1230　　开　本　1/32

印　张　4　　字　数　108千字

书　号　ISBN 978-7-5159-0417-7

定　价　24.80元

前言

单位领导人必须充分重视公司的财务信息，掌握财务会计和会计报表的有关基础知识，并能“明察秋毫”，善于从证、账、表中发现公司管理中存在的隐患！本书深入浅出地介绍了单位领导人应具备的基础财务知识，力求以最快的速度教会单位领导人如何了解、掌握、运用财务知识，并且让单位领导人在亲自查账时真正做到对单位的经营状况心中有数。除此之外，本书的适用对象为：企业税务总监、财务经理、财务主管、注册会计师、财税研究人员等。

本书的编写，在内容上充分考虑了与基础会计、企业会计等课程的衔接及相关知识的延伸，力求保持编写体系的一致性；在实用性上，注重实际操作能力的培养，强调例证选用的充分性；在文字的表达上，力求做到通俗易懂、简洁明了。

本书以会计科目为引导，对每一个会计科目存在的假账形态及其防范策略列举了具体案例，这些案例为实际工作中常见的错弊，具有一定的普遍性、典型性和较强的实务性，便于读者查阅和使用。

本书旨在解决自查、审查两方面的会计信息问题，详细分析了各种会计错弊的原因、表现形态以及防范技巧，归纳总结了防范财务漏洞和会计错弊的有效措施和工作方法；从全新的技术角度，较为详尽地介绍了目前会计核算“假”、“乱”、“错”的特点及甄别对策，告诉读者如何通过各种查账方法的巧妙配合来规避查账风险。

本书最大的特点是，通过表格形象地介绍了查账的方法、程序；最大的创新之处是，从会计报表出发逐一深究到会计账簿、会计凭证，直至每个基本科目，更便于广大读者学习。

本书在内容展示及组织形式上与其他教材风格迥异，希望读者能发掘兴趣所在，掌握必备的财务分析技能，并在生活及工作中学有所长、学有所用。

本书无论在编写内容上还是在编写形式上均做了新的尝试，但由于作者的水平和实践经验有限，书中难免存在疏漏之处，恳请读者批评指正。

作　者

2013 年 5 月 1 日

目录

第一章 认识查账工作

第二章 你必须了解的查账工作方法和思路

第三章 查账从会计基础工作开始

第四章　一看就懂的资产类科目核算

第五章　一看就懂的负债类科目核算

第六章　一看就懂的损益类科目核算

第七章　一看就懂的所有者权益类科目核算

第八章　透过一角观冰山全貌：财务报表的审查

认识查账工作

查账，又称财务检查，是指通过对企业账证及有关资料的检查，查核企业会计资料所反映的经济活动是否真实、合法，有无经济违法行为的一项检查活动。会计人员、稽核人员、管理者、有限责任公司的股东、经济监督机构人员等都需要弄懂查账知识；而认识查账的必要性、区分会计错误和会计舞弊、掌握相关的会计知识是查账的必要前提。

在这一章，你将会知道

- ◇ 了解什么是查账。
- ◇ 哪些人会关心企业的账务。
- ◇ 明白查账的必要性。
- ◇ 区分会计错误和会计舞弊。
- ◇ 哪些人需要懂查账知识。
- ◇ 查账必须掌握的基础会计知识。
- ◇ 借贷记账法。
- ◇ 会计信息质量要求。

了解什么是查账

从广义来讲，小至生产工人，大至老板，都会有对经济活动进行审核的需要，这便是查账。具体而言，查账是指通过对企业账证及有关资料的检查，查核企业会计资料所反映的经济活动是否真实、合法，有无经济违法行为的一项检查活动。查账需要有一定的审核标准，审核对象不同，标准自然不同。

采购主管，根据采购清单来盘查货物，这是查账；销售主管，根据销售的产品清单来盘查销售数量，这是查账。

会计主管，根据提供的报表和分类汇总来盘查记账的正确性，这是查账。

税务部门，根据提供的会计科目和汇总表对企业进行盘查，这也是查账。

凡是具有可查和审核需要的，都可以定义为查账。随着经济发展、企业竞争加剧和国家法律法规的完善，查账在企业中发挥着越来越重要的作用。

哪些人会关心企业的账务

企业会计核算的最终成果是财务报告，财务报告最核心的部分是财务报表。财务报表的主要功能是帮助使用者做出决策，也就是说，只要是使用财务报表辅助决策的人都会关心其真实性和公允性，关心企业的账务。那么这些人究竟是谁呢？我们将其大致分为以下五类，如表 1－1 所示。

表 1－1　关心企业账务的人

关心企业账务的人	原因
投资者 	这里的投资者既可以是国际间企业并购的法人投资者，也可以是市井小民所谓的菜篮族投资者。投资者愿意花多少钱购买企业的股票？影响其决策的因素可能很多，但我们有理由相信，公司的财务状况和经营成果绝对是一个很重要的原因
债权人 	债权人是资产出借的一方，一般人最熟悉的债权人就是银行。大家应该都听过银行往往是“晴天借伞，雨天收伞”，也就是说，银行借伞或者收伞的决策除了考虑企业未来的发展潜力外，企业当前的财务报表更是不可或缺的参考指标
经营者 	公司产品如何定价、如何制定成本控制策略、什么样的投资战略能让企业获得最大的利润？对于这些决策，经营者不可能凭印象或者经验就能做出最完美的决定。他们也必须根据企业当前的财务报表，通过合理的分析和预测，才能顺利做出决策

（续表）

关心企业账务的人	原因
股东 	大部分公司的股东只有公司的所有权而无经营权，多数情况下不能实际参与到企业管理的过程中，时时掌握企业的经营状况。所以，为了做出是否继续投资的决策，股东需要通过财务报表评估其投资收益；为了对企业经营者的业绩进行考核，需要通过财务报表对其绩效进行评定
其他 	需要企业当前的财务状况和经营成果辅助决策、关心企业账务的真实与否的决策人除了上述四类外，还有供应商、潜在竞争者、政府机构、证券分析人员等

明白查账的必要性

只有真实、准确、公允的财务报表才能真正起到辅助决策的作用，不满足要求的财务报表或者隐瞒财务报表而并未反映企业的财务状况或经营成果的真实情况，反而会影响决策者的判断。

例如，一家企业当年的销售量大幅增长，公司会计人员提供的财务报表中显示企业获利很高，于是总经理在一次股东参与的非正式会议上，信心满满地声称要发放高额股利来回馈股东，股东们自然欣喜地等着领钞票。但后来，会计师事务所查账后发现，企业经营过程中有重大营业成本以及必要估计事项未记入账，经过调整后，股东们可获得的股利大大减少，总经理的尴尬之情和股东们的失落之心可想而知。

通过这个实例，我们可以想象，在企业核算的过程中，如果会计工作人员或者企业的高层管理者拥有查账的意识和知识，及时进行账务稽查，就能及时发现账目中的会计错弊，通过及时调整来获得真实准确的报表。

区分会计错误和会计舞弊

会计账务处理出现问题从会计人员的主观故意与否看，分为会计差错与会计舞弊。在查账的过程中，要明确区分会计差错和会计舞弊两个概念。

会计差错是会计人员在会计记录、计算、整理、编表等工作中因失误而造成的差错行为，如出纳人员在登记现金日记账时，因笔误记错金额的行为。

会计舞弊是会计人员用欺骗等手段进行贪污、挪用的违法犯罪行为，如为贪污公款而故意漏记，截留收入的行为。

虽然会计差错与会计舞弊有时在表现形式上极其相似，但从本质上讲，它们是两类不同性质的行为。二者之间有着明显的区别，也有一定的联系，其异同之处如表 1－2 所示。

表 1－2　会计差错与会计舞弊的异同

		会计差错	会计舞弊
不同之处	性质不同	过失行为，一般不承担法律责任	不法行为，是行为人采取非法手段，故意制造弊端，侵公为私，要承担法律责任
	原因不同	行为人不精通业务、技术和政策，以及单位管理不善造成	行为人经不住物质利益的诱惑而故意所为
	表现形式不同	会计错误发生后，一般表现比较明显，易于被发现和纠正	会计舞弊的表现比较隐蔽，被一些假象所掩盖，不易被发现
	行为主体不同	一般属于个人过失行为	可能是个人单独舞弊，也可能是多人串通舞弊
相同之处		在客观事实上都会对企业造成影响和危害	

正确地区分会计差错与会计舞弊，是查清问题，落实责任的基础。对于会计差错一般是责令纠正；而对于会计舞弊行为，则要承担一定的法律责任，根据《中华人民共和国审计法》的相关规定进行处理。

哪些人需要懂查账知识

一、会计人员

会计账务的形成是由企业的会计人员负责的，在进行会计核算的过程中，需要会计人员对账务进行及时的审查，发现并更正其中的错弊，保证最终出具的会计报表真实、合法、公允。所以，企业中的会计工作者，无论是采购主管还是会计主管，都需要掌握一定的查账知识。

二、稽核人员

企业会计工作者进行账务审查，多数是处于职业责任感进行的自发审查，但为保证企业账务真实、公允，还需要独立于会计部门的专门人员进行专门的审核，企业的稽核人员便在其中发挥作用。为保证企业内部的账务稽查顺利进行，稽核人员必须掌握相关的查账方法、流程以及不同账目的审查重点。

三、管理者

当前，许多中小企业的会计工作者并非财务专业人才，同时，趁机通过会计舞弊达到不法目的的行为也频频发生，为此，企业管理者有必要建立一套内部管理制度，学习查账知识与技巧，亲自进行账务审查，从蛛丝马迹中发现问题。同时，由于管理者自身对企业的整个经营状况更加了解，所以，在进行账务审查的过程中，比会计人员和稽核人员能更好地发现问题和风险所在，也更可能提出有针对性和建设性的管理方案。

四、有限责任公司的股东

根据《公司法》第三十四条和第九十八条规定，股东知情权是股东的一项法定权利。对于有限责任公司的股东，其依法享有查阅公司会计账簿(即查账)的权利。这里应明确，股东查账有一定的界限，所查之账仅限于会计账簿，而不包括原始凭证、记账凭证等凭证类会计资料。会计账簿具体包括总账、分类账、明细账、日记账和其他辅助性账簿。有限责任公司的股东在行使这项权利时，肯定也需要有一定的查账知识作铺垫。

五、财政、税务、银行等经济监督机构人员

作为监督机构的财政部门、税务部门以及作为债权人的银行都需要对企业的账务进行时时监督，必要时进行审查。通过查账，财政部门可以了解企业的经营状况，税务部门可以掌握企业纳税义务的履行情况，银行可以了解企业的风险状况并采取相应的风险控制措施。所以，基础的查账知识对于在监督机构工作并负责查账的工作人员而言必不可少。

六、外部审计机构的会计师

由于外部审计机构的独立性相对较强，所以，与内部账务稽查相比，会计师审计能提供更准确的审核结果，是财务报表真实性、合法性的更有效保障。作为专业的审计机构，对会计师的专业素养要求更高，查账基础知识更是其工作的最基本要求。所以，会计师们更需要掌握相应的查账知识。

查账必须掌握的基础会计知识

查账的实质是审核企业的"账务"是否真实、合法、公允。所以，在学习查账的相关知识之前，我们有必要了解一下审核的对象——"账务"的形成过程，其实就是会计核算的全过程。会计核算以"会计凭证"为起点，通过记账、核算和报账的过程，最终形成财务报表。

一、会计核算的基本前提

会计核算的基本前提是指会计核算工作赖以存在和发展的必备前提条件，主要包括会计主体、持续经营、会计分期和货币计量四个方面，具体如图 1－1 所示。

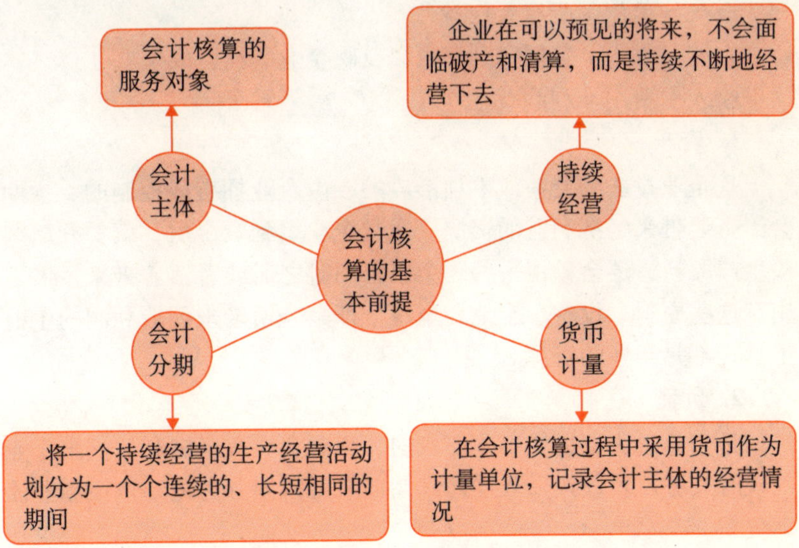

图 1－1　会计核算的基本前提

二、会计的六大要素

会计核算的对象是会计主体的资金运动。为了将核算落到实处，通常将会计对象划分为以下六个具体的要素，如图 1－2 所示。

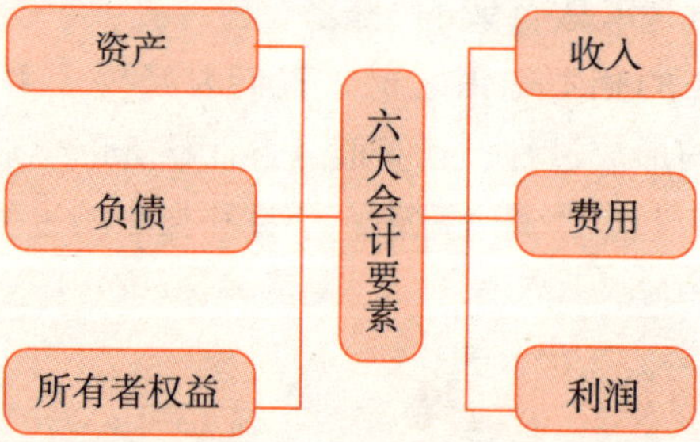

图 1－2　六大会计要素

会计要素又可以分为两大类：

左侧：资产、负债和所有者权益可以反映企业的财务状况。

资产＝负债＋所有者权益

右侧：收入、费用和利润可以反映企业的经营成果。

收入－费用＝利润

1. 资产

是企业过去的交易或事项形成的、由企业拥有或控制的、预期会给企业带来经济利益的资源。通常企业筹到资金后，就要开始购买生产原料，还会预留一些现金以备不时之需或者留着未来发展之用。这些原料、设备、土地乃至现金都是公司未来创造利润的生财工具，都是企业的资源。

2. 负债

是企业过去交易或事项形成的、预期会导致经济利益流出企业的现时义务。负债按债务偿还到期期限可以划分为流动负债和非流动负债。

3. 所有者权益

是指资产扣除负债后由所有者享有的剩余权益。包括所有者投入的资本、直接计入所有者权益的利得和损失、盈余公积和未分配利润等。

4. 收入

是指企业在日常活动中所形成的、会导致所有者权益增加的、与所有者投入资本无关的经济利益的总流入。包括销售商品收入、劳务收入、让渡资产使用权收入、利息收入、租金收入、股利收入等。

5. 费用

是指企业在日常活动中发生的会导致所有者权益减少的、与向所有者分配利润无关的经济利益的总流出。费用按经济用途可以分为生产成本(直接材料、直接人工和制造费用)和期间费用(管理费用、财务费用和销售费用)。

6. 利润

是指企业一定会计期间内获得的经营成果，是收入减去费用、利得减去损失后的净额，其确认主要依赖于收入和费用以及利得和损失的确认。

三、会计科目、会计凭证及账簿

(一)会计科目

会计科目是对会计要素进行分类核算而设置的科目，分为六大类会计科目。同时，会计科目又可按其所提供信息的详细程度，分为总分类科目和明细分类科目。总分类科目是对会计要素的具体内容进行总括分类，如“应收账款”科目；明细分类科目是总分类科目的进一步分类，如“应收账款”科目可以按债务人名称设置明细科目，反映应收账款的具体对象。

我国《企业会计制度》中规定的常用的会计科目如表1-3所示。

表 1－3　常用会计科目表

编号	常用会计科目	编号	常用会计科目	编号	常用会计科目
	一、资产类	1502	持有至到期投资减值准备	2101	交易性金融负债
1002	银行存款			2201	应付票据
1012	其他货币资金	1503	可供出售金融资产	2202	应付账款
1101	交易性金融资产	1511	长期股权投资	2203	预收账款
1121	应收票据	1512	长期股权投资减值准备	2211	应付职工薪酬
1122	应收账款			2221	应交税费
1123	预付账款	1521	投资性房地产	2231	应付利息
1131	应收股利	1531	长期应收款	2232	应付股利
1132	应收利息	1532	未实现融资收益	2241	其他应付款
1221	其他应收款	1541	存出资本保证金	2401	递延收益
1231	坏账准备	1601	固定资产	2501	长期借款
1401	材料采购	1602	累计折旧	2502	应付债券
1402	在途物资	1603	固定资产减值准备		**三、所有者权益类**
1403	原材料	1604	在建工程	4001	实收资本
1404	材料成本差异	1605	工程物资	4002	资本公积
1405	库存商品	1606	固定资产清理	4101	盈余公积
1406	发出商品	1701	无形资产	4102	一般风险准备
1407	商品进销差价	1702	累计摊销	4103	本年利润
1408	委托加工物资	1703	无形资产减值准备	4104	利润分配
1411	周转材料	1801	长期待摊费用	4201	库存股
1461	融资租赁资产	1901	待处理财产损溢		**四、成本类**
1471	存货跌价准备		**二、负债类**	5001	生产成本
1501	持有至到期投资	2001	短期借款	5101	制造费用

（续表）

编号	常用会计科目	编号	常用会计科目	编号	常用会计科目
5201	劳务成本	6111	投资收益	6603	财务费用
5301	研发支出	6301	营业外收入	6604	勘探费用
	五、损益类	6401	主营业务成本	6701	资产减值损失
6001	主营业务收入	6402	其他业务成本	6711	营业外支出
6011	利息收入	6403	营业税金及附加	6801	所得税费用
6051	其他业务收入	6411	利息支出	6901	以前年度损益调整
6061	汇兑损益	6601	销售费用		
6101	公允价值变动损益	6602	管理费用		

（二）会计凭证

会计凭证是记录经济业务、明确经济责任、按一定格式编制的据以登记会计账簿的书面证明，可以分为原始凭证和记账凭证。

原始凭证又称单据，是在经济业务发生时填制的原始书面证明，如发票、货款收据等。记账凭证是以审核无误的原始凭证为依据，按照经济业务事项的内容加以归类，并据以确定会计分录后所填制的会计凭证，格式如表 1－4 所示。

表 1－4　记账凭证的格式

记　账　凭　证

年　月　日　　　　编号：

摘要	一级科目	明细科目		借方							贷方						
				万	千	百	十	元	角	分	万	千	百	十	元	角	分

财会主管：　　记账：　　出纳：　　复核：　　制单：

(三)会计账簿

会计账簿是由具有一定格式、相互联系的账页所组成，用来序时、分类地全面记录一个企业、单位经济业务事项的会计簿籍，可以分为日记账、分类账和备查账。

在实际工作中，账簿的格式是多种多样的，但在借贷记账法下，其基本结构如表1－5所示。

表1－5　借贷记账法下的账簿格式

年		凭证		摘要	借方	贷方	(借或贷)	余额
月	日	字	号					

借贷记账法

根据我国《企业会计制度》的规定，企业记账时必须采用借贷记账法。

借贷记账法是一种以“资产＝负债＋所有者权益”为理论依据，以“借”和“贷”为记账符号，以“有借必有贷，借贷必相等”为记账规则的一种复式记账方法。记账规则的具体说明如表1－6所示。

表1－6 借贷记账法的记账规则

记账规则	相关说明
有借必有贷	是指每一笔经济业务都必须同时记入两个或两个以上的相关账户中
借贷必相等	每笔经济业务在记入借方与贷方时，两方的金额必定是相等的

对于每一笔经济业务，在借贷记账法下都要分析其登记的借方科目和贷方科目，既有利于全面地反映经济业务的来龙去脉，又能清晰地反映账户之间的对应关系，便于及时检查会计记录的正确性。

会计信息质量要求

会计信息质量要求是对企业财务报告中所提供的会计信息质量的基本要求，是使财务报告中所提供的会计信息有助于辅助使用者决策所应具备的最基本特征。具体而言，使用者对会计信息质量的要求有以下八点，如图 1－3 所示。

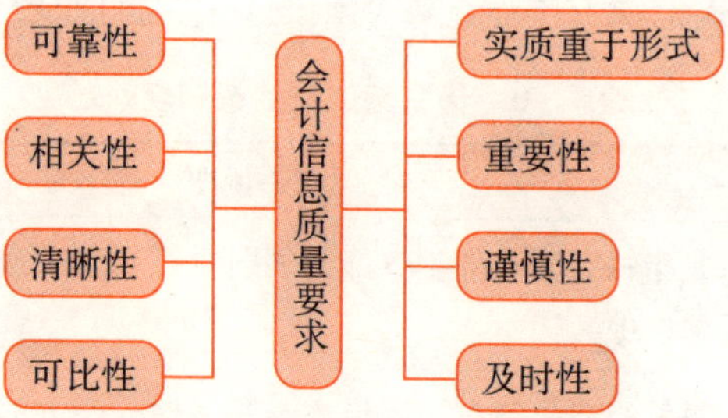

图 1－3　会计信息质量要求

对会计信息质量的上述八点要求具体阐释如下。

1. 可靠性

可靠性要求企业应当以实际发生的交易或者事项为依据进行确认、计量和报告，保证会计信息真实可靠、内容完整。如果财务报告所提供的会计信息是不可靠的，就会给投资者等使用者的决策产生误导。

例如，A 企业于 2011 年末发现公司销售收入未达到年初设定的目标，但预计 2012 年年初，企业的销售收入可能会大幅提高。A 企业为此在 2011 年末提前编制了若干出货凭证，并确认销售收入。由于企业的这笔交易是虚构的，所以，这一会计处理违背了会计信息质量的可靠性原则，也违背了我国会计法的规定。

2. 相关性

会计信息是否有用，是否具有价值，关键是看其与使用者的决策需要是否相关，是否有助于决策或者提高决策水平，这便是相关性要求。相关性原则要求企业在确认、计量和报告会计信息的过程中，充分考虑使用者的决策模式和信息需要。

3. 清晰性

清晰性，又称为可理解性，要求企业提供的会计信息应当清晰明了，便于投资者等财务报告使用者理解和使用。编制财务报告的目的是让使用者使用，只有清晰明了的会计信息才能确保使用者的正确使用。

4. 可比性

可比性要求会计核算按照规定的会计处理方法进行，会计指标口径一致、相互可比，既要保证同一企业不同时期的财务数据可比，又要使不同企业相同会计期间的财务数据可比。

5. 实质重于形式

实质重于形式要求企业按照交易或者事项的经济实质进行会计确认、计量和报告，不仅仅以交易或者事项的法律形式为依据。

例如，以融资租赁方式租入的资产虽然从法律形式来讲企业并不拥有其所有权，但从经济实质来看，企业能够控制该资产所创造的未来经济利益，所以，按照“实质重于形式”原则，应将以融资租赁方式租入的资产视为企业的资产。

6. 重要性

重要性要求企业提供的会计信息应当反映所有重要交易或者事项。那么，如何判断交易或事项的重要性呢？如果会计信息的省略或者错报会影响投资者等财务报告使用者据此作出的决策，则该信息是重要的。对于重要性的判断在实践中需要依赖会计人员的职业判断。

7. 谨慎性

谨慎性要求企业在会计核算时应保持应有的谨慎，不应高估资产或者收益、低估负债或者费用。但是我们应该明白，谨慎性并不是说企业可以设置秘密准备。如果企业故意低估资产或者收益，或者故意高估负债或者费用，将违反会计信息最基本的可靠性要求，降低会计信息质量。

在实务中，企业计提减值准备、因可能发生的保修义务而确认的预计负债等，就是谨慎性的具体体现。

8. 及时性

由于信息具有实效性，即使是可靠、相关的会计信息，如果不及时提供，就失去了时效性，对于使用者的效用就大大降低甚至不再具有实际意义，所以，对于会计信息有及时披露的要求。及时性要求企业对于已发生的交易或者事项及时进行确认、计量和报告，不得提前或者延后。

一、会计计量属性

会计计量属性是指进行会计要素计量时应遵循的计量规则，是会计要素金额的确定基础，主要包括历史成本、重置成本、可变现净值、现值和公允价值等。企业在对会计要素进行计量时，一般应当采用历史成本，采用其他计量方式的，应当保证所确定的会计要素金额能够取得并可靠计量。

历史成本属性是指资产按照“购置时”支付的现金或者现金等价物的金额或当时付出对价的公允价值计算；负债按因承担“现时义务”收到款项的金额，或日常活动中为偿还负债预期需要支付的现金或者现金等价物的金额计算。

二、会计记账基础

会计记账基础是指企业会计的确认、计量和报告的基础。具体的记账基础可分为权责发生制和收付实现制两种。

权责发生制是以实际收到现金的权利或支付现金的责任的发生为标志来确认本期收入和费用，而不是以现金的收入为标志。

例如企业销售一批货物，但并未受到货款。如果按收付实现制确认，企业的现金并未增加，所以，不能确认销售收入，但是，企业的存货又有所减少，并且没有在账务中体现，不能准确地反映企业的真实财务状况，由此可见收付实现制的弊端。我国《企业会计准则》规定，企业会计核算应以权责发生制为基础。

你必须了解的查账工作方法和思路

查账的方法就是查账人员为达到查账的目的而采取的手段。在实务中常用的查账方法多种多样，如顺查法、逆查法、比较法、实地盘点法、逻辑推理分析法等。尽管查账方法如此多样，但没有哪一种查账的方法是万能的，必须根据具体的情况采取不同的查账方法并掌握基本的查账策略。

在这一章，你将会知道

◇ 查账方法大盘点。

◇ 查账第一步：发现异常。

◇ 你不得不知的查账基本策略。

查账方法大盘点

查账的方法就是查账人员为达到查账的目的而采取的手段。在实务中，常用查账的方法多种多样，如图 2－1 所示。

图 2－1　主要查账方法一览

尽管查账方法如此多样，但没有哪一种查账的方法是万能的，必须根据具体的情况采取不同的查账方法。

一、顺查法和逆查法

顾名思义，顺查法从审查原始凭证开始，顺次审查账簿，核对报表，最后审查纳税情况；逆查法以会计核算的相反顺序，从分析审查会计报表开始，对于有疑点的地方再进一步审查账簿和凭证。这两种方法的审核流程如图 2－2 所示。

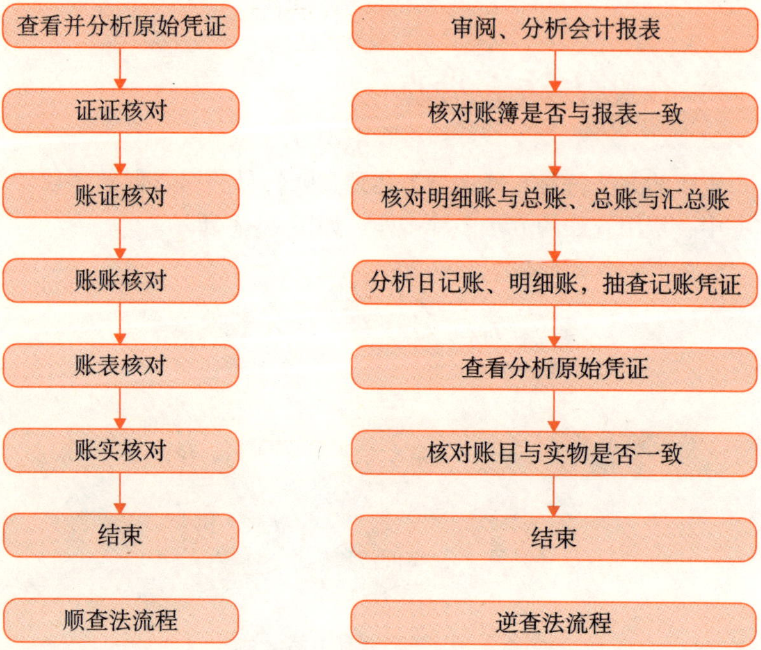

图 2－2　顺查法和逆查法的查账顺序

顺查法和逆差法的优缺点及适用范围对比如表 2－1 所示。

表 2－1　顺查法和逆差法的优缺点及适用范围对比

	优点	缺点	适用范围
顺查法	从起源开始，审查全面而仔细，容易发现问题	工作量大，不便于专项业务查账、分工查账和抽样查账	规模不大和凭证较少的企业，以及会计工作混乱的企业
逆查法	由点及面，能迅速抓住重点、发现问题、掌握线索、明确审查的方向，有利于专项业务查账和抽样查账	不能全面揭示企业存在的问题	大、中、小各种类型的企业，适用范围更普遍

二、详查法和抽查法

详查法是对一定范围内的会计凭证、会计账簿、会计报表等会计资料及其他相关资料进行全面、详细的检查；抽查法是根据审查的目的、要求和被检查对象的具体情况，有针对性地选择抽取一定时期的账簿、凭证进行局部审查。

详查法和抽查法的优缺点及适用范围对比如表 2－2 所示。

表 2－2 详查法和抽查法的优缺点及适用范围对比

	优点	缺点	适用范围
详查法	审查的内容全面，结论和评价准确、科学	工作业务量大，费时费力	规模小、业务量不多、会计资料少的企业
抽查法	如果抽查结果不能代表总体特征，容易做出错误的结论	效率高、费用低	内部控制、会计基础较好、组织机构和管理工作较健全的企业或者规模大、凭证多的企业

三、逻辑推理分析法

逻辑推理分析法是根据已知的事实和资料，运用逻辑思维推测和判断单位可能存在的问题和结果的方法。在实务中，对逻辑推理分析法的应用非常普遍，大致分为以下三类。

(1)根据数量、金额之间的逻辑关系进行推理。例如，总账中的有关数量和金额等于其所属各明细账中相关数量和金额的合计；会计报表与账簿及会计报表之间有关的数字存在一定的勾稽关系。

(2)根据事物之间的主从关系进行推理。例如，采购费用是因采购材料物资等经济业务而发生的，在一般情况下，没有材料采购活动就不可能有采购费用的发生；采购活动是“主”，采购费用是

“从”。如果在会计资料中只有采购费用支付的记录，而没有采购材料入库的记录，则在时间上明显矛盾，在逻辑上违反了主从之间的必然联系，很难让人理解。

(3)根据有关的时间、地点与经济业务的逻辑关系进行推理。例如，产品的销售时间肯定发生在产品的生产时间之后；材料的领用时间肯定发生在该种材料入库之后；差旅费的发生期间肯定是员工出差的期间。

在查账中，查账人员仅仅凭借逻辑推理只能对问题作出大概的判断，但不能完全依靠逻辑推理来下结论。因此，查账人员必须将逻辑推理和其他查账方法相结合。

四、核对法和调查法

核对法将两种或两种以上的书面资料相互交叉对照，以验证其内容是否一致，计算是否正确。具体核对内容包括以下方面，如图2-3所示。

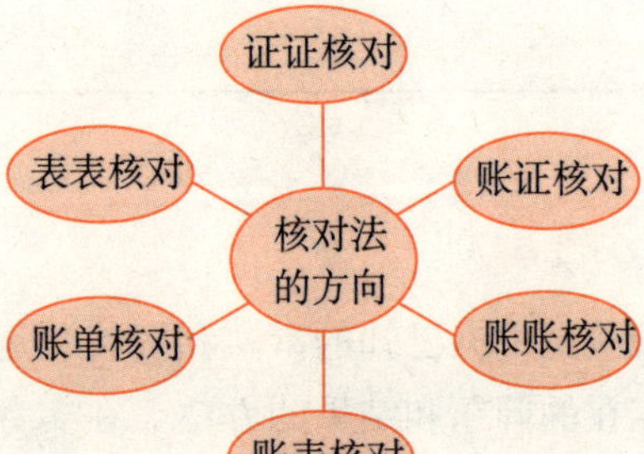

图2-3　核对法核对的内容

调查法是指查账人员通过观察、调查询问、函证等方式了解相关情况的方法。可用来审查书面资料，或证实客观事物。调查法的三种形式如图2-4所示。

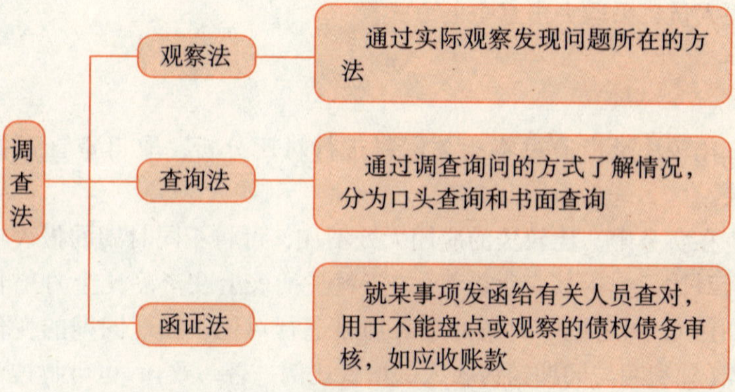

图 2－4 调查法的三种形式

五、审阅法和复核法

审阅法的重点是阅读审查，通过对原始凭证、记账凭证、会计账簿、会计报表及其他相关资料进行阅读、审查，从中发现企业可能存在的异常情况。使用审阅法成功与否，主要取决于查账人员的观察能力、分析能力、判断力及经验水平。

复核法的重点是重复计算，即对原始凭证、记账凭证、会计账簿、会计报表等资料进行重复计算和汇总。

六、实地盘点法

实地盘点法是根据账簿记录对库存现金和各项财产物资进行实物盘点，以确定企业资产是否完整的方法。

在使用实地盘点法时，时机的选择非常重要。合适的时机有助于减少工作量，提高盘点效率，保证盘点结果。

(1)对实物盘点，最好选择在库存材料储备量达到最低之时或者接近年底时。

(2)对现金盘存，最好不要选择支付业务量多时或发放工资时。

(3)对贵重物品或管理混乱的仓库盘存时，最好不要事先通知有关人员，采取突击盘查的方式。

七、比较法

比较法是指通过将相关资料进行对比分析，取得审计证据的方法。

在实务中，比较法的应用无处不在，可将不同时期的报表项目进行对比，分析其变化趋势（如资料平衡表上在产品比上月增长比例如何）；可将同一时期的报表项目进行对比，发现同期的变化异同点（如利润与同期销售收入的增长比例是否一致）；也可将被审计单位与拥有相同项目的其他单位的相关指标进行对比。

八、调节法和鉴定法

调节法是从某一时点的数据出发，对后续发生的经济业务根据相关凭证进行增、减调节，从而得到需予证实的数据。实务中，对调节法最常见的应用就是审核银行存款，通过编制银行存款余额调节表来观察存款数与账面余额是否一致。

鉴定法是指当相关资料的鉴别超出一般审计人员的能力时，邀请专门人员运用专门技术对这些资料进行识别的方法。常用于书面资料真伪的鉴定，实物性能、质量、价值的鉴定，以及经济活动合理性、有效性的鉴定等。

查账第一步：发现异常

在实际的账务稽查过程中，我们应该重点关注异常情况，从异常情况出发往往能帮助我们迅速找到切入点，找出问题所在。查账中需要注意的五种异常情况及其具体表现如图 2－5 所示。

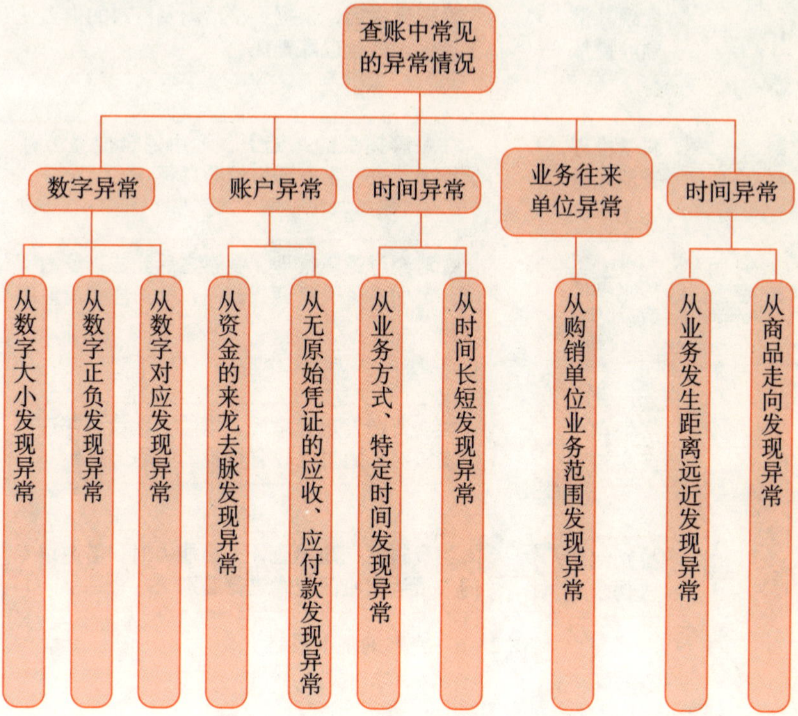

图 2－5　查账中常见的异常情况

你不得不知的查账基本策略

在发现异常情况之后，你要通过一定的查账方法挖掘异常情况的真相。在此过程中，牢记以下查账策略可帮助你在查账过程中少走弯路。查账的基本策略有五个，如图 2－6 所示。

1	发现异常，顺藤摸瓜	发现异常后，根据经济活动及资料的内在变化规律，进行追踪查证
2	科学推理，查清问题	在顺藤摸瓜的基础上，运用逻辑推理法科学推理，进一步查证事情的真相
3	调查询问，取证落实	针对经过逻辑推理、观察之后无法查证的事项，可向有关人员调查询问，并形成书面证明资料
4	实地盘点，账实核对	实物资产发现异常后，需要实地盘点并进行账实核对，通过比较分析找出问题所在
5	鉴别测定，去伪求真	当资料鉴别超出查证人员能力时，需邀请专门人员运用专门技术进行鉴别

图 2－6　查账的基本策略

查账从会计基础工作开始

（续表）

	错弊方面	具体表现
会计舞弊	篡改、伪造原始凭证	篡改、伪造、窃取、未如实填写原始凭证；用旧、废凭证以私充公

二、原始凭证错弊实例

原始凭证摘要及日期填写错误

某企业出纳人员开出支票，支票上既无金额又无用途限定，日期2012年1月6日用阿拉伯数字填写，该支票本来应由采购人员用于采购原材料。1月15日采购时，采购人员发现支票遗失，但自感庆幸因为支票快要到期了。但1月17日，该企业银行存款还是被划走几十万元。这是因为支票在遗失后，拾到者将支票原日期改成了2012年1月16日。可见，企业的这笔损失是由于开出的发票未填摘要，日期填写有误所致。

小故事

某单位领导多次接到本单位职工的匿名信，提到本单位财务处出纳李某有贪污问题。该领导决定由本单位审计处负责对李某所掌管的会计账册现金、支票及有关资料进行检查。查账人员首先盘点了李某所管理的库存现金，并与调整后的现金日记账进行核对，并未发现不正常的情况。接着，查账人员对李某所登记的现金日记账及有关的会计凭证进行了审阅和核对，发现其中反映现金经济事项的收据上的金额比正常情况偏低，并且大多都是整数。以此为突破口，查账人员对有关交款、付款的个人和单位进行了调查询问，并索取了对方所保存或保管的收据。然后，将索取到的有关收据与李某所开的被查证单位用来入账的存根进行核对，发现二者金额不符，几张收据的核对结果都是入账联收据上的金额小于付款方所持的收据上的金额。二者核对后，又将收据存根联找出进行核对，发现存根联与入账联一致，系一次复写而成，而付款方所持的收据系单独复写而成。根据上述情况，查账人员认为开票人李某对现金收据的三联以分两次复写的手法，使收据存根联和收款单位入账联上的金额小于付款方所持收据上的金额，从而贪污了二者差额的现金。正常手续下，收据的三联通过两张复写纸的复写，其内容应完全一致。而通过上述假复写的手法，使本应在复写纸上下的收据一致的内容不一致了，而且是付款方所持收据的金额(正确数)大于收款单位入账与存根联上的金额(错误数)。查账人员通过对李某所经管的所有会计资料进行详细检查、核对，并调查询问了有关单位与个人，最后查明，李某在任出纳的两年期间，运用这种手法贪污公款456 111元。由于李某贪污金额巨大，已构成犯罪，故其所在单位将其移交司法机关进行处理。

记账凭证的常见错弊形式及审核

一、记账凭证的常见错弊形式有哪些

进行记账凭证审核之前，我们应该首先了解记账凭证常见的会计错误和舞弊形式，如表3－2所示。

表3－2 记账凭证的常见错弊形式

	错弊方面	具体表现
会计错误	记账凭证的基本要素	基本要素不全或填写错误： ① 日期未填写或填错； ② 摘要过于简单或用语不准确
会计错误	会计科目	① 经济业务涉及的会计科目填写错误； ② 科目的对应关系或方向错误
会计错误	记账凭证编号	记账凭证无编号或者编号错误
会计错误	记账凭证所附原始凭证的数量、金额	① 所附原始凭证的张数、内容与记账凭证不符； ② 所有原始凭证金额之和与记账凭证记录数据不符
会计错误	记账凭证印章	① 记账凭证无记账、审核等人员的签章； ② 凭证已入账但印章未盖、不全
会计舞弊	真账假做	业务真实，但记账时故意错用会计科目或忽略业务涉及的中间科目
会计舞弊	假账真做	① 无原始凭证，凭空填制记账凭证； ② 记账凭证金额高于原始凭证的汇总金额，鱼龙混杂，混淆视线
会计舞弊	障眼法	填制记账凭证时，对摘要栏进行略写或者笼统填写，使人看不清经济业务的真实面目

二、记账凭证错弊实例

通过记账凭证“真账假做”实例

某企业会计工作人员小王，利用支付款项时取得的银行结算凭证和有关付款凭证，在银行存款日记账中登记了两次支付业务，将扣除实际支付金额后的余款占为已有。

在查账时，账账核对的过程中应特别注意记账凭证所附的原始凭证是否完整。

“障眼法”实例

某企业领导以购买材料的名义，用企业资金为自己购买了购物卡、金币、邮票等商品。这一过程中，该领导提供的原始凭证未填写购买物品的名称，在填制记账凭证时也统称为材料，然后进一步分摊计入成本费用科目。

上述行为即企业相关人员以借由“凭证”大玩“障眼法”，他提供的凭证并未反映经济业务的实质，是一种会计舞弊行为。在查账的过程中，要重点关注填写笼统或不合规定的凭证。

提 示

为了防范记账凭证舞弊，企业应经常进行会计凭证的审核。查账人员可以首先采取审阅法对记账凭证的重要部分进行技术观察和审视。在初步审阅的基础上，如发现了异常或疑点，应立即将记账凭证的可疑之处与原始凭证进行核对。

如何选择合适的会计凭证审核方法

审核会计凭证有多种方法可用：审阅法、抽查法、核对法、调查法及逻辑推理分析法。在实务中，你可以根据需要综合选用几种方法，但首先你得了解上述审核方法在审核凭证过程中的应用方式，如图 3－1 所示。

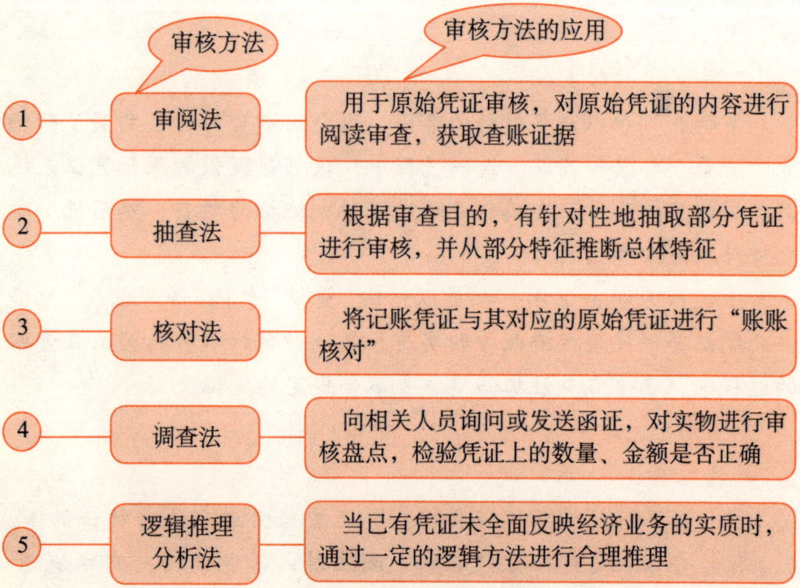

图 3－1　会计凭证的审核方法及应用

如何在会计账簿中寻找蛛丝马迹

一、会计账簿的常见错弊形式有哪些

在学习会计账簿的审核方法和重点之前，我们应该首先了解会计账簿常见的会计错误和舞弊形式，如表3－3所示。

表3－3 会计账簿的常见错弊形式

账簿错弊方面	具体表现
会计账簿启用	① 账簿封面未写明单位名称、账簿名称； ② 扉页未附启用表，或附启用表但内容不完整； ③ 会计工作交接时未注明交接、监交人员的姓名或未加签章； ④ 启用订本式和活页式账簿未编页数
会计账簿登记	① 摘要不合理不真实，登记不及时； ② 文字和数字所留空距、登记账簿笔墨等不符合要求； ③ 登记发生跳行、隔页； ④ 登记账簿依据的会计凭证不真实(未经审核)； ⑤ 未在凭证中注明已登账的符号并在凭证上签名； ⑥ 未按规定结出账簿中账户的余额； ⑦ 账页登记完毕后未按规定结转下页
会计账簿更正	① 会计账簿记录发生错误后，对账簿进行涂改、挖补，刮擦或用药水消除字迹； ② 未正确使用会计错误更正法
会计结账	① 结账前，未将本期发生的经济事项全部登记入账； ② 结账时，未按规定结出每个账户的期末余额； ③ 年度终了，未将各账户余额按规定方法结转下年； ④ 结账时间不符合规定

（续表）

账簿错弊方面	具体表现
会计账簿设计与设置	① 账簿形式设计不合理； ② 账簿或账户设置不齐全； ③ 所设计或设置的账簿未能很好地形成一个账簿体系

二、如何选择合适的会计账簿审核方法

对会计账簿进行审核的具体方法有多种形式，这里先概括地介绍复核法、审阅法、核对法、核实法及调节法在账簿审核中的应用，如图 3－2 所示。

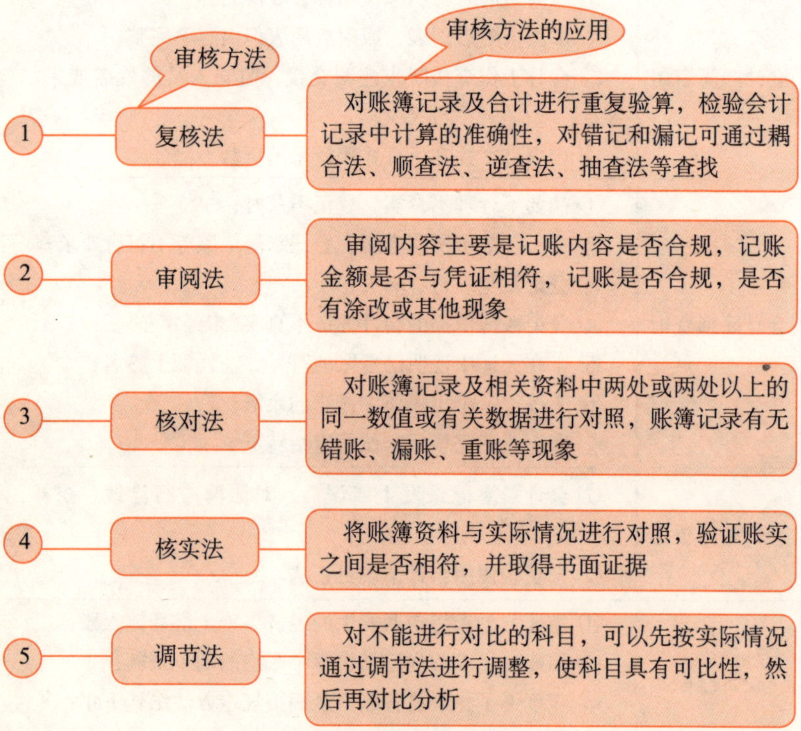

图 3－2　会计账簿的审核方法及应用

第四章

一看就懂的资产类科目核算

常见的资产类科目包括库存现金、银行存款、应收账款、固定资产等。本章主要讲解了如何进行资产类科目的核算：熟悉相关的法律管理规定；相关业务的常见错弊形式；从实例学习相关业务的审查流程。

在这一章，你将会知道

◇ 如何进行现金业务的审查。

◇ 如何进行银行存款业务的审查。

◇ 不在手的钱要更安全：应收账款的审查。

◇ 从根源杜绝浪费：存货的审查。

◇ 揪出谷仓里的老鼠：固定资产的审查。

如何进行现金业务的审查

一、熟悉相关的现金管理规定

进行账务稽查之前，我们首先了解一下我国法律法规对于企业库存现金的限额、现金结算范围及现金收支的规定，具体如表 4－1 所示。

表 4－1 企业库存现金限额、结算范围及现金收支的规定

	具体规定
库存现金限额	一般以企业 3～5 天零星开支现金需要为限，特殊情况下，最多不超过 15 天的现金需要。这里的零星开支不包括发放工资、预借差旅费等大额现金支付
现金结算范围	① 向个人支付的款项：工资、资金、补贴、福利费、差旅费等； ② 零星支出：在转账金额起点(一般为 1 000 元)以下的支出； ③ 中国人民银行确定需要现金支付的其他支出
现金收支	① 不得白条抵库；② 不得公款私存；③ 不得私设小金库；④ 不得虚报用途套取现金

二、企业现金业务的常见错弊形式有哪些

现金是流动性最强的货币性资产，可随时用于购买物资、支付费用、偿还债务，也可以随时存入银行。尽管现金在企业资产总额中所占比重不大，但企业发生的舞弊事件大多与现金有关。现金业务常见的错弊形式及舞弊手法如表 4－2 所示。

表4-2 现金业务常见的错弊形式及舞弊手法

错弊形式	舞弊手法
贪污现金	① 收款人员收到现金收入，隐瞒不入账，侵吞现金； ② 假公济私、中饱私囊(企业报销私人购买的物品的费用)； ③ 采取“涂改凭证”或有意填错数据的手段贪污现金； ④ 采取“联手舞弊”的手段贪污或私分现金； ⑤ 通过多记现金贷方发生额，或者少记现金借方发生额的方法贪污现金
挪用现金	① 采取“出借公款”的手段长年拖欠、挪用公款； ② 利用现金日记账挪用现金(保证月末总账科目正确，但期间内自由操纵日记账)； ③ 白条抵库(打白条，拿白条抵充库存现金)
坐支现金	① 采取“坐支现金”的手段违规开支； ② 用现金支付回扣或好处费

注：坐支现金是指收到现金以后不存入银行，而直接从收到的现金中开支。

三、从实例看现金业务的审查流程

对现金业务的审查无非是审查企业现金的使用和管理是否符合相关规定，库存现金限额是否符合标准、现金结算范围是否符合规定、是否存在坐支现金的情况等。

一般现金业务的审查流程及具体内容如图4-1所示。

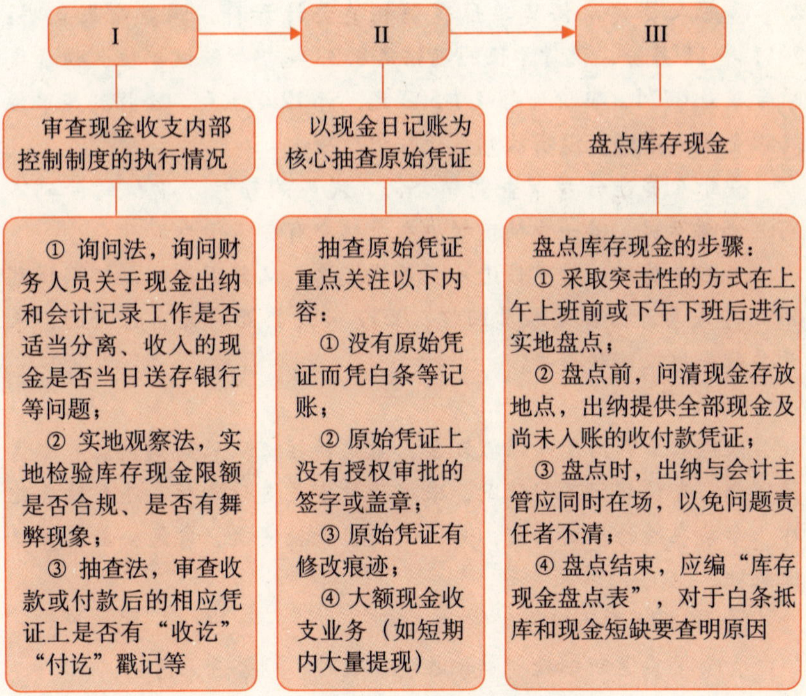

图 4－1　现金业务的审查流程及内容

【现金查账案例 1】更换发票，贪污现金

① 疑点出现。

查账人员在 2011 年 11 月份审查“现金日记账”中发现现付字 30 号凭证载明“支付购 5×5 角钢”，金额 833 元。该单位大量经营角钢，为什么以现金支付 833 元。查账人员怀疑有贪污现金的行为。

② 审查过程。

查账人员调出 30 号凭证，其发票（号码是 0577 号）列明由李某从供货单位购入 5×5 角钢 8.33 吨，每吨单价 1 600 元，计 13 328 元，货款已付（签发转账支票一张 12 495 元，另付现金 833 元），货物已由保管员验收入库。

查账人员要求供货单位提供相关会计资料，调查结果表明：2011 年 11 月份，供货单位的确销售 8.33 吨钢材给该单位，销货发票号码是 0774，单价为每吨 1 500 元，计 12 495 元。除收到某单位转账支票一张外，没有收到其他任何款项。

查账人员进一步审查购销合同，发现购销双方单位的号码不同、金额不同，进一步确定经办人员从中有贪污行为。

查账人员到供货单位进一步查找发票，从其下属的加工厂找到 0577 号发票，据有关人员回忆，0577 号发票是李某自己开的，未开票前先把报销联撕去。

③ 审查评论。

采购人员利用了一张假发票，偷梁换柱，从采购钢材业务中贪污现金；会计部门不问情况，采用两种方式支付货款，违反结算纪律。李某在铁的事实面前，如实交代了偷换发票、贪污公款，并退回赃款。

④ 审查结果处理。

责令李某退回赃款，单位收到款项时，调整分录为：

借：库存现金　　833

　　贷：原材料　　833

【现金查账案例 2】现金收入，隐不入账

① 疑点出现。

查账人员在审查“现金日记账”时，发现 11 月 8 日 36 号凭证摘要为“支付拆除机器费用”，金额为 3 500 元，但进一步审阅“现金日记账”及“银行存款日记账”，并未发现相关清理收入。

② 审查过程。

查账人员调出 36 号凭证，记账凭证下面附原始单据一张，是某部门经理支付机器拆除费的白条，其会计分录为：

借：管理费用　　3 500

　　贷：现金　　3 500

查账人员在审阅固定资产明细账时，发现 11 月 10 日 56 号凭证的摘要为“报废机器设备一台”，凭证上的会计分录为：

借：累计折旧　　31 000

　营业外支出　　29 000

　贷：固定资产　　60 000

根据设备购买时间，查账人员认为该机器设备还处于半新状态，如果报废，应有清理收入。经询问，经管人员表示设备确已报废，追踪调查财务主管时，得知该设备报废的清理收入现金 31 000 元被其占为己有。

③ 审查评论。

财务主管为了达到隐匿收入的目的，在机器报废时，不通过“固定资产清理”账户进行核算，现金收入不入账。

④ 审查结果处理。

责令财务工作人员将清理收入重新入账，并根据审核意见作如下调整分录：

借：固定资产清理　　3 500

　贷：管理费用　　3 500

借：现金　　31 000

　贷：固定资产清理　　31 000

借：固定资产清理　　29 000

　贷：营业外支出　　29 000

借：固定资产清理　　2 000

　贷：营业外收入　　2 000

如何进行银行存款业务的审查

一、熟悉相关银行存款管理规定和内控要求

按照我国现金管理的相关规定，超过规定限额的现金支出一律通过银行转账支付。依据《支付结算办法》，企业应在银行开立账户，办理存款、取款和转账等结算。关于银行存款的管理和内部控制应遵循的规定和要求，如表4－3所示。

表4－3　银行存款管理规定及内部控制要求

	具体内容
银行存款开户规定	企业可根据需要及相关规定开立以下四种账户：基本存款账户、一般存款账户、临时存款账户和专用存款账户
银行结算纪律	① 不准签发没有资金保证的票据（如空头支票）或远期票据； ② 不准签发、取得和转让没有真实交易和债权债务的票据； ③ 不准无理拒绝付款； ④ 不准违反规定开立和使用账户
银行存款内部控制制度的要求	① 收入与支出要有合理合法的凭据； ② 收支款要及时准确入账； ③ 及时与银行对账单核对，按月编制银行存款余额调节表

二、企业银行存款业务的常见错弊形式有哪些

企业银行存款业务的常见错弊形式如表4－4所示。

表 4-4 银行存款业务常见的错弊形式及具体操作

错弊形式	具体操作
漏记银行存款	故意漏记银行存款的收入项，占为已有
擅自从银行取现	会计人员私自签发现金支票，提现后不记账，以此侵占现金
公款私存	把公款转入个人银行账户，侵吞利息或挪用单位资金
利用未达账项	凭空捏造未达账项，保证银行存款余额调节表的平衡
涂改银行对账单	将银行对账单和银行存款日记账同笔业务涂改掉，保持账面上的平衡
涂改转账支票的日期	把以前年度的银行进账单的日期涂改成本年度的日期，重复记账，侵吞现金
出租、出借单位银行账户	向外单位或个人出借账户进行转账结算而收取好处费

三、从实例看银行存款业务的审查流程

一般银行存款业务的审查流程及具体内容如图 4-2 所示。

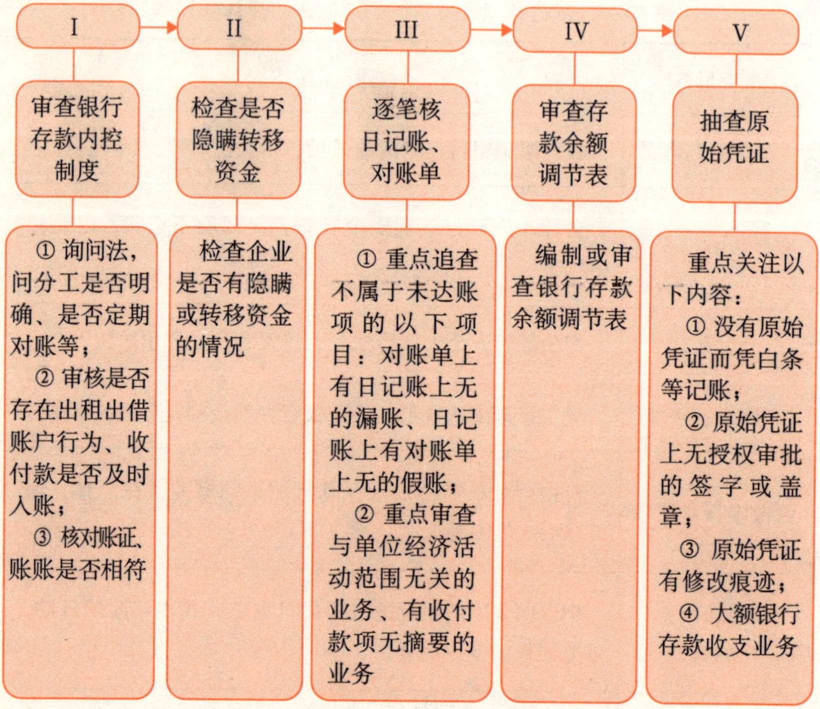

图 4－2　银行存款业务的审查流程及内容

【银行存款查账案例 1】银行日记账上有而对账单上无的“假账”

① 疑点出现。

查账人员在核对某企业 2011 年 12 月“银行存款日记账”与“银行存款对账单”时发现，银行存款调整后的余额与对账单余额调整后相等，但未达账项的每项数额不一致，其中，12 月 29 日 49 号凭证(转支 419)金额为 13 350 元，对账单的 419 号转账支票金额为 10 350元，银行存款日记账 12 月 48 号凭证存入现金 3 000 元，在对账单上没有反映。查账人员怀疑其中有虚存虚报问题。

② 审查过程。

查账人员首先调阅 48 号凭证，其分录为：

借：银行存款　　3 000

　　贷：库存现金　　3 000

审查原始凭证时，发现“现金送存簿”没有加盖“现金收讫”字样，即没有反映现金存入银行。调出49号凭证，其分录为：

借：物资采购　　13 350

　　贷：银行存款　　13 350

查账人员复核采购发票，其金额为10 350元。

③ 审查评论。

该企业财务人员利用虚存银行存款使银行存款日记账余额与银行对账单余额表面相符。

④ 审查结果处理。

收到退回的赃款时，如存入银行，其调整分录为：

借：银行存款　　3 000

　　贷：物资采购　　3 000

【银行存款查账案例2】出租、出借账户

① 疑点出现。

查账人员在审查某企业2011年“银行存款日记账”时，发现9月5日5号收款凭证的摘要记录“存入暂存款”，金额为30 000元，9月20日、21日和25日分别在10号、12号和30号凭证摘要注明“提现”，金额各为10 000元。查账人员怀疑该企业有出租账号的行为。

② 审查过程。

查账人员首先调出5号收款凭证，其分录为：

借：银行存款　　30 000

　　贷：其他应付款——××单位　　30 000

所附的原始凭证仅有一张“进账单”。调出10号凭证，支配用途为“差旅费”；12号凭证的支配用途为支付季度奖；30号凭证的支配用途为“备用金”。依据这一线索，查阅“现金日记账”时，发

现9月30日付款凭证35号，摘要为"付暂存款"30 000元。调出35号凭证，其分录为：

借：其他应付款——××单位　　30 000

　　贷：库存现金　　30 000

其原始凭证为该单位打出的白条收据。查账人员审查××单位的账簿记录，尚未有30 000元的收入。在该单位领导的支持下，查阅了商品销售明细账，发现该单位在9月4日销售一批产品，其价款为30 000元，与购货方联系，核定已付款。与银行取得联系，款项已划到被查企业。

③ 审查评论。

被查企业出租账户，非法套取现金30 000元。在查账人员查证后，分别调查被查企业的会计、出纳和经办人员。经查后，被查企业会计、出纳退回全部赃款，退还该单位。根据《企业职工奖惩条例》和被查企业会计、出纳的月工资水平，对被查企业会计处300元罚金，对出纳处200元罚金。

④ 审查结果处理。

由于被查企业出租账号，其收入属于该单位，被查企业可不再调账。对于罚款收入，可作如下分录：

借：库存现金　　500

　　贷：营业外收入——罚金　　500

不在手的钱要更安全：应收账款的审查

一、企业应收账款的常见错弊形式有哪些

在这个信贷愈来愈发达的时代里，应收账款对于企业而言往往是销售商品后收入的主要形式。但在实务中，由于通过应收账款舞弊很难被察觉，所以，相应的舞弊现象更加普遍。对于这部分不在手的钱，企业更应该进行及时的审查，及时入账，维护好企业的利益。

企业应收账款的常见错弊形式如表 4－5 所示。

表 4－5　应收账款的常见错弊形式及具体操作

错弊形式	具体操作
利用应收账款及预付账款账户调节产品成本和当期损益	坏账损失不作处理，有意制造潜亏
	调整计提比例，错提坏账准备金
	调整应收账款数额，错提坏账准备金
	利用坏账损失转移资金，挤列费用
	捏造销售事项，虚增收入，多记应收账款
	应收账款的入账金额不实
套取现金	应收销货款长期挂账，购销双方彼此渔利
	延期承兑应收票据，索取酬金

二、从实例看应收账款业务的审查流程

一般应收账款业务的审查流程及具体内容如图 4－3 所示。

I	II	III	IV	V
审查应收	审查相关	审查销售折扣	验证账务	验证坏账
①审核相关经济业务是否符合“审批制度”(按规定审批后执行)；②审核相关经济业务是否有“全面完整的账务记录制度”作保障；③审核相关经济业务发生后是否有“对账与货款回收制度”	①抽查同一业务销售合同、订单、发票是否一致；②销售数量、单价、金额与单位销售政策是否冲突；③货运单据日期与发票日期是否一致；④依发票记载，查对会计账务处理	①销售折扣、折让等是否报经批准，是否有责任人的签字；②退回的商品有没有仓库签发的退货验收证明单据或资料	①明细账与总账核对，向债务人发函证，看账款金额是否正确；②与原始凭证核对，看金额是否准确；③审核坏账损失的计提是否适当；④审查应收账款的入账时间	①审查坏账计提方法是否前后一致；②审核坏账计提比例是否在规定的范围之内；③审核是否存在多提或少提坏账的情况

图4-3　应收账款业务的审查流程及内容

【应收账款查账案例】利用坏账损失转移资金，挤列费用

① 疑点出现。

查账人员审查S企业的“销售收入明细账——A企业”时发现，2011年4月份商品销售收入为40 000元，但银行存款日记账借方金额为20 000元，至今仍有20 000元挂账。询问企业财务人员得知，A企业已不存在，货款已作坏账转销。同时，查账人员了解到A企业2012年3月已转让给B企业。查账人员认为这笔货款的处理可能存在问题。

② 审查过程。

查账人员向B企业发函证，得到的回复是S企业的李某分别于2011年4月及2012年1月从B企业提走20 000元和10 000元，共计30 000元，同时出具了付款凭证。

于是查账人员对李某开始询问，最终李某承认，他与财务部主管曾商议将第二次取得的账款10 000元拿来用于个人投资，投资成功后再还回企业。但无奈投资失败，两人一时无法偿还。同时，查账人员向财务部主管进一步核算，证明李某所说属实。

③ 审查评论。

李某利用职务之便与财务人员勾结，将受到的应收账款拒不入账，将其据为己有，属于挪用公款。

④ 审查结果处理。

查账人员将结果反馈给企业的高级领导，并建议其加强应收账款，特别是坏账的管理，杜绝此类事情的再次发生。

企业领导得知此事后，对李某及相关财务部负责人采取了法律措施。

从根源杜绝浪费：存货的审查

一、企业存货的常见错弊形式有哪些

在形形色色的利润操纵手法中，资产造假占据了主要地位。我国近年来影响较大的财务报表舞弊案，如琼民源、蓝田股份、东方锅炉、成都红光等，都与资产项目的造假有关。而存货作为资产的重要组成部分，由于其具有种类繁多、数额较大、计价方法多样等特点，容易弄虚作假，从而给不法分子以可乘之机。因此，存货业务的错弊形式也较多。

企业存货的常见错弊形式如表 4－6 所示。

表 4－6　企业存货的常见错弊形式

项目	具体错弊形式
存货取得业务	将不属于存货范围的物资作为存货进行管理和核算
	外购存货时计价不准确
	任意虚列委托加工存货的成本
	接受捐赠的存货不入账
	存货有关账户设置不科学、不合理
存货发出业务	存货发出时选用的计价方法不合理、不适当
	随意变更存货的计价方法
	人为地多计或少计发出存货的成本
	存货改变用途时，有意不转出相应的进项税额，也不确认应缴纳的增值税额
	发生非货币性交易时，有意不处理
	假借报销样品等方式，将发出的存货予以私分或出售后存入“小金库”

（续表）

项目	具体错弊形式
存货储存与盘点业务	确定存货结存数量的方法选择不当
	存货账实不符
	未按规定的程序和方法及时处理存货的盘盈和盘亏
	存货在储存过程中发生非正常损失时，相应的“进项税额”未转出，增加了增值税的抵扣数额
	存货积压期长，占用资金数额大，结构不合理

二、从实例看存货的审查流程

对存货进行审核，就要对存货的取得、发出和储存盘点三个环节进行审核。针对不同环节所采用的审核流程及具体审核内容各不相同。

1. 存货取得的审核流程

存货取得的审核流程如图 4－4 所示。

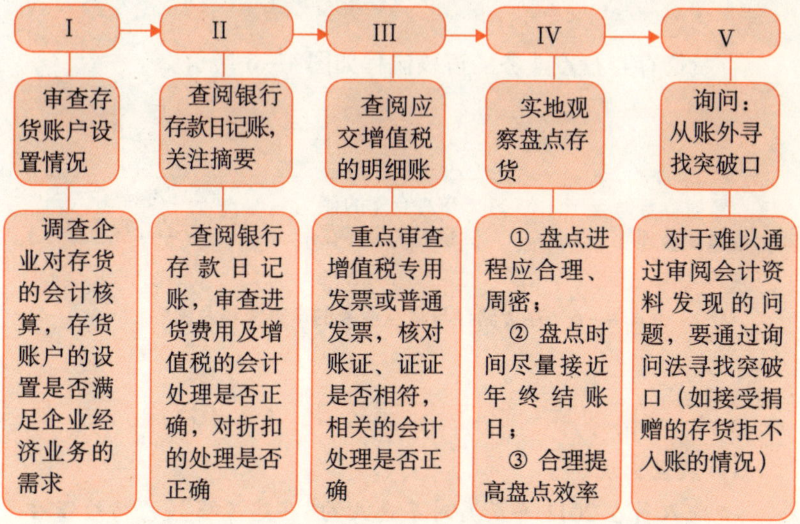

图 4－4 存货取得业务的审查流程及内容

2. 存货发出的审核流程

存货发出的审核流程如图 4－5 所示。

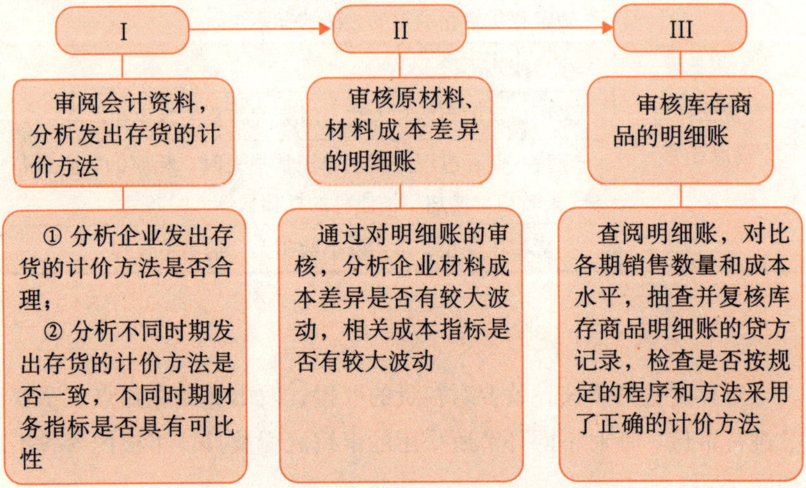

图 4－5　存货发出业务的审查流程及内容

三、存货储存与盘点业务的审核流程

存货储存与盘点业务的审核流程如图 4－6 所示。

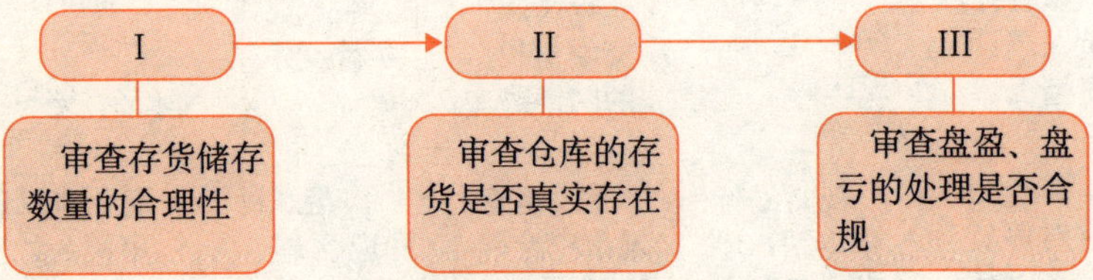

图 4－6　存货储存与盘点业务的审查流程及内容

【存货查账案例 1】进项税款未转出，少交增值税

① 疑点出现。

查账人员在 2011 年 7 月对某企业的“在建工程”、“待处理财产损溢”、“产成品”等明细账进行检查时，发现该企业工程用料45 000元，发生材料盘亏2 000元，产成品盘亏15 000元(其中所耗材料10 000元)。查账人员认为相应增值税的选项税额可能未转出，以致当期多计进项税额，少交增值税。

② 审查过程。

调出7月13日15号凭证，其分录为：

借：在建工程　　45 000

　贷：原材料　　45 000

调出7月18日21号凭证，其分录为：

借：待处理财产损溢　　17 000

　贷：原材料　　2 000

　　产成品　　15 000

③ 审查评论。

上述分录表明，相应增值税的进项税额未转出，以致当期多计进项税额，少交增值税。

④ 审查结果处理。

应将工程所耗用材料的相应增值税的进项税额转出，产成品盘亏15 000元，应将其中所耗材料10 000元的进项税额转出。

借：在建工程　　(45 000×17%)7 650

　贷：应交税费——应交增值税(进项税额转出)　　7 650

借：待处理财产损溢　(2 000×17% +10 000×17%)2 040

　贷：应交税费——应交增值税(进项税额转出)　　2 040

【存货查账案例2】随意变更产品发出的计价方法

① 疑点出现。

查账人员审阅效益不景气的某企业2011年度利润表时发现，该企业12月份产品销售亏损额明显低于以前各期及上年同期，且有少量正利润。经了解，该企业产品销售情况与以前各期无明显变化，怀疑其成本结转存在问题，决定进一步调查。

② 审查过程。

查账人员询问会计主管人员，了解到该企业产成品的发出采用全月一次加权平均法。12 月产成品出库情况如下：12 月初产成品结存 36 000 件，单位生产成本 50 元，12 月 8 日入库 14 000 件，单位生产成本 45 元，11 日出库 10 000 件，13 日入库 20 000 件，单位生产成本 40 元，15 日出库 15 000 件。月末结转销售产品的生产成本。

借：主营业务成本　　(10 000 × 45 + 15 000 × 40) 1 050 000

　　贷：产成品　　1 050 000

查账人员重新计算加权平均单价为：

(36 000 × 50 + 14 000 × 45 + 20 000 × 40) / (36 000 + 14 000 + 20 000) = 46 元

发出产品的生产成本为：(10 000 + 15 000) × 46 = 1 150 000 元，与以上结转成本的金额不符。检查库存商品明细账发现，产成品单位成本呈下降趋势。

③ 审查评论。

原来，该企业所使用的原材料前几年的价格较高，由于市场竞争激烈，该企业产品价格没能提高多少且产品滞销造成严重亏损。近年来，原材料价格回落，成本降低，该企业为了迅速扭亏，于 12 月将产成品计价方法由全月一次加权平均法改为后进先出法，这样少转成本，减少亏损。

④ 审查结果处理。

被查单位违反一贯性会计原则，随意变更计价方法，造成当期销售成本减少，利润虚增。如在年底查清，应做出调账分录：

借：主营业务成本　　100 000

　　贷：产成品　　100 000

揪出谷仓里的老鼠：固定资产的审查

一、企业固定资产的常见错弊形式有哪些

由于固定资产具有单位价值大、使用时间长、价值与实物可以分离、价值补偿的分期性和实物更新的一次性等特点，因此，固定资产对企业的资产结构有重要影响，同时，对经营成果也有直接影响。鉴于此，检查人员把握固定资产业务的错弊形式是十分必要的。归纳起来，固定资产的常见错弊大致有如下一些形式，如表4－7所示。

表4－7 企业固定资产的常见错弊形式

分类		具体错弊形式
固定资产增加业务	固定资产分类方面	① 对固定资产与低值易耗品的划分不符合规定标准； ② 固定资产分类不正确
	固定资产计量方面	① 不按正确的计量方法计价； ② 计量方法虽然正确但价值构成范围不正确
	主观谋私	① 为得回扣，盲目购置或建造固定资产，造成浪费； ② 购入固定资产质次价高，采购人员捞取回扣； ③ 接受贿赂，虚计固定资产重估价值； ④ 固定资产出租收入，虚挂往来账； ⑤ 在建工程试运转收入，不冲减在建工程成本； ⑥ 转移工程借款利息、调节当年损益； ⑦ 不适当地将费用资本化； ⑧ 固定资产修理业务不真实； ⑨ 不当计提固定资产减值准备，粉饰财务报表

（续表）

分类	具体错弊形式
固定资产减少业务	① 固定资产减少业务不真实（虚列固定资产盘亏、毁损报废，实则将其私自出售）； ② 固定资产出售业务错弊（出售作价不合理、出售所得价款处理不正确、出售过程中的费用处理不正确）； ③ 固定资产报废、毁损的业务处理发生错弊（清理报废的残值收入处理不正确、已清理完毕的净损失或净收益长期挂账不结转、将固定资产变价收入存入小金库）； ④ 盘亏的固定资产业务错弊（未经审批，将待处理固定资产损溢直接转入当期损益；固定资产盈亏不做账务处理）
固定资产折旧计提	① 使用折旧方法不适当（使用折旧方法不恰当，或随意改变折旧方法）； ② 随意改变折旧率，调节成本利润； ③ 不当的折旧计提范围（折旧范围不符合法律规定）； ④ 折旧年限的确定不合规定； ⑤ 估计较高的固定资产残值

二、从实例看存货的审查流程

1. 固定资产增加或减少的审核流程

固定资产增加或减少的审核流程如图 4 -7 所示。

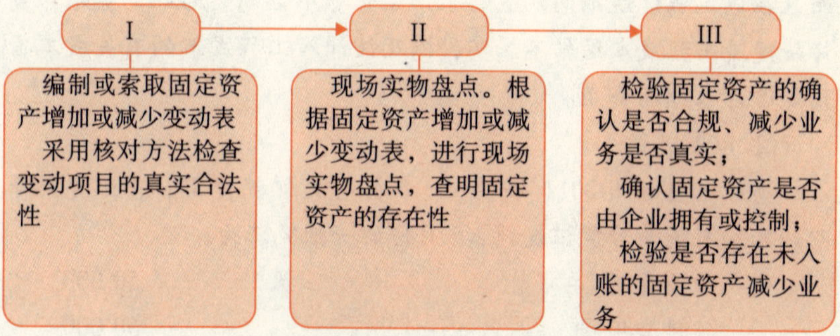

图 4－7　固定资产增加或减少业务的审查流程及内容

2. 固定资产折旧业务的审核流程

固定资产折旧的审核流程如图 4－8 所示。

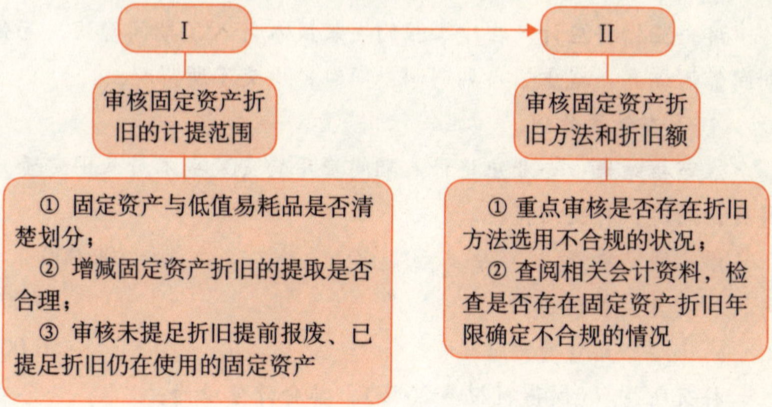

图 4－8　固定资产折旧业务的审查流程及内容

【固定资产查账案例 1】将应计入资产的项目计入了费用

① 疑点出现。

查账人员审阅甲公司固定资产增加业务时发现，该企业 2011 年 6 月建造完工的固定资产的成本决算表和预算表相差 150 000 元，而且在该工程建造期间发生的生产经营费用偏高。为此，查账人员怀疑建造工程成本结转不属实，以及该计入工程成本的有关成本费用是否计入期间费用。

② 审查过程。

查账人员翻阅2011年4、5、6月有关管理费用、营业费用等明细账和有关会计凭证发现，5月份的一张凭证为：

借：管理费用　　50 000

　　销售费用　　50 000

　　贷：银行存款　　100 000

但所附原始凭证为一张转账支票存根和某设备安装公司为安装该固定资产开具的发票，金额为100 000元。

③ 审查评论。

该企业错将应计入在建工程的安装成本计入了期间费用，导致期间费用偏高，减少了当期利润，同时，少交了所得税。

④ 审查结果处理。

依审核结果，企业应将计入期间费用的安装成本计入固定资产科目，同时，补交所得税。

借：固定资产　　100 000

　　贷：管理费用　　50 000

　　　　销售费用　　50 000

补交所得税(所得税税率25%)，其会计分录为：

借：所得税　　25 000

　　贷：应交税费——应交所得税　　25 000

【固定资产查账案例2】将固定资产清理款放入小金库

① 疑点出现。

查账人员在审计某公司2011年账目时，在现金日记账中发现某月某日支付拆除A型机器劳务费500元，经查阅凭证，有某领导批准的同意支付给王某的A型机器拆除费500元的白条。但在“现金”日记账和“银行存款”日记账中却没有相应的清理收入，怀疑存在错弊。

② 审查过程。

在以后某日的一张凭证中的摘要栏内发现注有“报废A型机器设备”。其会计分录为：

借：累计折旧　　50 000

　　营业外收入　　50 000

　　贷：固定资产——A型设备　　100 000

再通过进一步的调查发现，该设备已于某月某日以50 000元售给某乡镇企业，该款已存入银行，作为小金库的款项。

③ 审查评论。

某公司将报废的固定资产收入存入小金库，固定资产报废后出售的残值收入作为“营业外收入”，企业的这种做法既违背了会计制度，实际上又侵占了企业所有者的权益。

④ 审查结果处理。

如在当年查清，作如下分录：

借：固定资产清理　　50 000

　　贷：营业外收入　　50 000

借：银行存款　　50 000

　　贷：固定资产清理　　50 000

如在次年查清，应需作如下分录：

借：固定资产清理　　50 000

　　贷：以前年度损益调整　　50 000

补交所得税，税率为25%，作如下分录：

借：以前年度损益调整　　12 500

　　贷：应交税费——应交所得税　　12 500

借：以前年度损益调整　　37 500

贷：利润分配——未分配利润　　37 500

按净利润的10%计提盈余公积，50%分配给股东。

借：利润分配——未分配利润　　22 500

贷：盈余公积　　3 750

应付股利　　18 750

第五章

一看就懂的负债类科目核算

负债类科目分为流动负债和非流动负债；其中，流动负债主要包括短期借款和应付职工薪酬，非流动负债主要包括长期借款和长期应付款。本篇就这些主要的负债类科目，详细地解读了企业负债类科目的相关错弊形式，并进一步通过实例讲述负债类科目的审查流程。

在这一章，你将会知道

◇ 让负债无法“缩水”：流动负债的审查。

◇ 让负债愈久弥“清”：长期负债的审查。

让负债无法“缩水”：流动负债的审查

一、如何进行短期借款的审查

1. 企业短期借款的常见错弊形式有哪些

实务中，企业短期借款相关的错弊形式如表5－1所示。

表5－1 企业短期借款的常见错弊形式

错弊形式	具体操作过程
短期借款内部审批手续不合规	企业中常出现未经过固定审批程序的短期借款，这些借款往往是通过不正当途径取得，为少数人谋利益，容易导致借款失控
短期借款未按规定用途使用	将流动资金借款用于购建固定资产，用短期资金解决长期资金的缺口。一方面造成较大的偿债压力；另一方面增加债务成本
短期借款利息的账务处理不合理	按规定，如短期借款利息是按期（按季、半年）支付或在本金到期时一并归还，且数额较大，应按月计提利息费用。但实际工作中，常出现短期借款利息较大却不预提的情况

2. 从实例看短期借款的审查流程

企业短期借款的审核流程如图5－1所示。

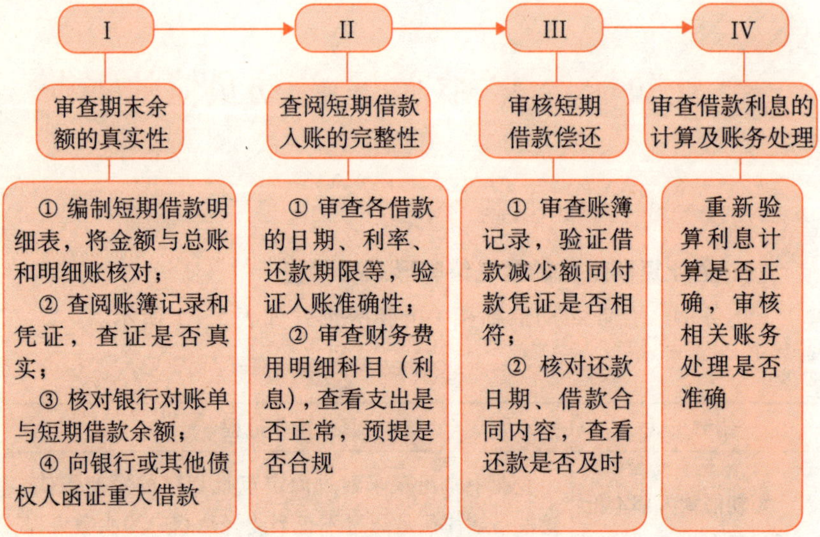

图 5－1　企业短期借款的审查流程及内容

【短期借款查账案例】短期借款未按规定用途使用

① 疑点出现。

查账人员 2012 年 1 月在审阅企业资产负债表时发现，“预付账款”的金额很高，于是决定查找其金额偏大的原因。

② 审查过程。

查账人员调出 2011 年 8 月 10 日 18 号凭证，预付款项金额为 50 000 元，但凭证摘要栏记载不详，仅写“预付款项”。10 号凭证的会计分录为：

借：预付账款——A 企业　　　　50 000

　　贷：银行存款　　　　50 000

同时，查账人员调查银行存款日记账发现，2011 年 8 月 10 日 106 号凭证的摘要栏记入“借入短期借款”，金额也是 50 000 元。该记账凭证附有原始凭证二张：入账通知单和 9 个月期限的短期借款协议。记账凭证的账务处理为：

借：银行存款　　　　　　　　　　　　50 000

　　贷：短期借款　　　　　　　　　　　　50 000

为进一步探究这笔短期借款的去向，以及两笔相同款项的关系，查账人员进行了多方调查取证。调查结果显示，A企业与被审计单位无任何交易业务，但两家单位的负责人是同学关系。当时A企业资金周转困难，向被审计单位借入50 000元，并承诺一个月后归还，同时，向被审计单位负责人支付了2 000元的好处费。但A企业经营一直存在问题，未能如期归还借款，所以，借支款至今挂账。

③ 审查评论。

被审计单位负责人利用职务之便，将短期借款挪作他用，并收取好处费。这是一种违反法纪的舞弊行为，严重危害了单位的利益，也说明企业在短期借款用途上的监督力度不够。

④ 审查结果处理。

责令企业负责人追回款项，并对企业及其负责人进行一定的处罚。

二、如何进行应付职工薪酬的审查

1. 企业应付职工薪酬的常见错弊形式有哪些

应付职工薪酬的核算是单位财务部门最经常核算的业务之一，是一项重要的经常性工作，关系着每一个职工的切身利益。因此，识别应付职工薪酬常见的错弊形式对于维护公司及广大职工的利益是很有必要的。

企业应付职工薪酬的常见错弊形式如表5－2所示。

表5－2　企业短期借款的常见错弊形式

错弊形式	具体表现
应付职工薪酬计算不正确	① 计时工资制，考勤记录不准确导致工资计算错误； ② 计件工资制，生产数量记录不准确导致工资计算错误； ③ 代扣款项计算不准确导致工资计算错误

（续表）

错弊形式	具体表现
佣金舞弊	舞弊者通常使用以下手段来虚增佣金：篡改销售金额、拼凑销售达较高水平以获取较高的佣金比例
应付职工薪酬的发放程序不健全、管理不严	① 发放工资手续不健全，领工资后不签章或伪造签章冒领工资； ② 企业按应发工资数额向银行提取现金，套取银行现金； ③ 职工未领工资由出纳保管，未及时计入“其他应付款”
虚拟工资名单，冒领贪污或存入“小金库”	① 虚拟职工姓名、人数，多计、多发工资； ② 不将调出、退休或死亡的职工除名，冒领工资
利用工资费用，调节产品成本	为调节成本和利润，多列或少列应计入产品成本的职工薪酬
偷逃个人所得税	将员工工资分解成两部分：一部分不够交个人所得税；另外一部分通过巧立名目而不用交纳个人所得税，以此方法逃税
职工福利费舞弊	① 放大职工福利费的计提基数，多提福利费； ② 不按规定比例计提职工福利费； ③ 应付福利费超过规定用途使用； ④ 伪造工人赔偿金声明

2. 从实例看应付职工薪酬的审查流程

应付职工薪酬是企业与职工之间提供劳务和支付报酬所形成的内部债务，在经济业务的内容上、会计处理的方法上都与外部债务有明显区别。查账人员在确定应付职工薪酬的审核程序与方法时，通常要考虑企业具体的应付职工薪酬情况。

应付职工薪酬的审核程序和方法如图 5－2 所示。

I	II	III	IV
检查工资计算的正确合规性	检查工资结算发放的正确合规性	检查职工福利费的使用是否正确	检查工资费用的归集和分配
① 审阅工资卡片、考勤记录、产量等，注意工资卡记录的变动是否有合法的证明文件； ② 计时工资重点审查考勤记录，关注法定节假日的工资标准； ③ 计件工资重点检查产品产量和质量	① 工资结算：核对工资计算表和结算汇总表，检查工资核算是否正确、奖金津贴是否符合制度； ② 工资发放：审查财务费用明细科目（利息），查看支出预提是否合规	① 审查福利费科目列支的项目是否合规； ② 重点关注有无巧立名目，滥发奖金、实物等在职工福利费中出现	审查的关键是分析企业工资费用分配的账务处理是否正确、合理等

图 5－2　企业应付职工薪酬的审查流程及内容

【应付职工薪酬查账案例 1】应付职工薪酬核算和发放有误

① 疑点出现。

2011 年 6 月份查账人员对某公司进行财务审查时发现，该公司有在册职工 126 人，雇用临时工 25 人，当月的工资结算单汇总表反映，全公司应发工资总额为 87 545 元，代扣款项 6 015 元，实发工资 81 530 元。查账人员在审查过程中发现，公司的 A 车间和 B 车间的工资结算单中都有胡杰和刘东的名字，工资金额均为 500 元，了解到 25 名临时工中，有 20 名是参加本单位生产流水线安装的民工。

② 审查过程。

查账人员通过向该公司人事部门调查，发现胡杰于 2011 年 5

月份从 A 车间调入 B 车间，同时，刘东由 B 车间调入 A 车间。由此分析，两人的工资可能系重复计列和发放。经进一步核实，确实如此。

同时，查阅有关工资费用分配表及有关费用记录时发现，20 名参加本单位生产流水线安装的民工的工资 10 400 元计入了当期的生产成本。

③ 审查评论。

该公司的工资核算和发放有误，导致当期的生产成本虚增 11 400 元。

④ 审查结果处理。

根据查账结果进行调账，冲销多计的工资费用。分录为：

借：其他应收款　　1 000
　　贷：应付职工薪酬　　1 000
借：应付职工薪酬　　1 000
　　贷：生产成本　　1 000

更正临时工工资费用的计列科目，分录如下：

借：应付职工薪酬　　10 400
　　贷：生产成本　　10 400
借：在建工程　　10 400
　　贷：应付职工薪酬　　10 400

【应付职工薪酬查账案例 2】职工福利费的使用不正确

① 疑点出现。

查账人员在审查某企业 2012 年 12 月份的“应付职工薪酬——福利费”账户时，发现 12 月 16 日 13 号凭证支付福利费 65 000 万元，摘要为“纪念活动奖”，怀疑职工福利费的使用不正确。

② 审查过程。

调阅 13 号凭证，会计分录为：

借：应付职工薪酬——福利费　　65 000

贷：库存现金　　65 000

所附原始凭证为“12 月 9 日企业为纪念一二·九运动而组织活动要求行政补助的报告”。经过查询得知企业将 65 000 万元发放了奖金且附有发放奖金人员的名单。

③ 审查评论。

该企业违反财务规定，以福利费发放奖金，职工福利费的使用不正确。

④ 审查结果处理。

根据查账结果进行调账，从应付职工薪酬中扣除福利费，作如下分录：

借：应付职工薪酬　　65 000

贷：应付职工薪酬——福利费　　65 000

让负债愈久弥“清”：长期负债的审查

一、如何进行长期借款的审查

1. 企业长期借款的常见错弊形式有哪些

实务中，企业长期借款相关的错弊形式如表 5－3 所示。

表 5－3　企业长期借款的常见错弊形式

错弊形式	具体表现
长期借款不按规定用途使用	未按合同或协议规定使用长期借款，如将其用于短期投资项目进行套利等
虚增金额，挪作他用	虚增借款金额，虚增部分挪作他用，或借给外单位收取好处费
多计提长期借款利息	有意多计提长期借款利息，待时机成熟时，贪污或私分多计提利息款
长期借款长期挂账	为达挪用长期借款的目的，而把长期借款长期挂账
利息不计入费用，长期挂账	企业潜亏时，不按规定按月预提借款利息
混淆资本化利息	蓄意将不符合资本化利息资本化，计入固定资产等的成本中，虚增当期利润

2. 从实例看长期借款的审查流程

企业长期借款的审核流程如图 5－3 所示。

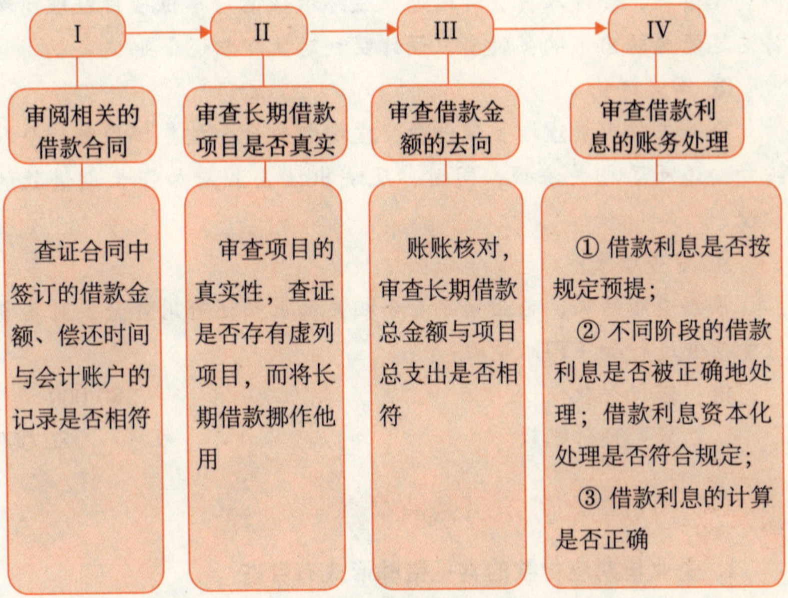

图 5 – 3　企业长期借款的审查流程及内容

【长期借款查账案例】长期借款金额与项目支出不符

① 疑点出现。

查账人员在审核“长期投资”明细账时发现，企业为投资一个新项目而向银行借入 300 000 元的长期借款，但投资项目的支出为 220 000 元，两者相差 80 000 元。为了弄清这笔款项的去处，查账人员开始深入调查。

② 审查过程。

查账人员在“银行存款日记账”中发现一笔 80 000 元的汇出款，摘要记录的是“预付货款”，相关记账凭证的会计分录为：

借：预付账款　　80 000

　　贷：银行存款　　80 000

但该记账凭证没有附原始凭证，所以，查账人员向会计主管询问具体情况，会计人员言辞闪烁，最终承认他与单位项目经理商量将这笔资金转出来购买股票，预计获利后立即归还企业。

③ 审查评论。

企业工作人员虚增长期借款，虚增部分资金被其挪用进行个人投资，违反了相关法规，同时，反映出该企业应加强长期借款的管理。

④ 审查结果。

根据查账结果，企业领导责令相关人员归还挪用资金，对其进行责罚并进行如下调账步骤：

借：银行存款　　80 000

　　贷：预付账款　　80 000

二、如何进行长期应付款的审查

1. 企业长期应付款的常见错弊形式有哪些

实务中，企业长期应付款相关的错弊形式如表 5－4 所示。

表 5－4　企业长期应付款的常见错弊形式

错弊形式	具体表现
虚列账户	根据虚拟融资合同或无关合同登记“长期应付款”，之后借记套取现金挪作他用
期满后继续付款	融资租赁期满后继续付款（或重复付款），将多余的款项提出，存入“小金库”或私分
融资租入固定资产，不计提折旧	部分企业为少计费用，不给融资租入的固定资产计提折旧
混淆融资租赁和经营租赁	部分企业为少计费用，将经营租赁作为融资租赁处理，计入“长期应付款”，推迟支付租赁费，调节当期利润

（续表）

错弊形式	具体表现
安装调试费，列入待摊费用	需要安装的融资租入固定资产发生的安装费未按规定计入固定资产成本，而是计入待摊费用，会增加当期费用，减少当期利润和应交所得税
资产改良不计入“长期待摊费用”	部分企业为少计费用，对于租入固定资产的改良支出未按规定计入待摊（或长期待摊）费用科目，而是直接计入固定资产科目

2. 从实例看长期应付款的审查流程

企业长期应付款的审核流程如图5－4所示。

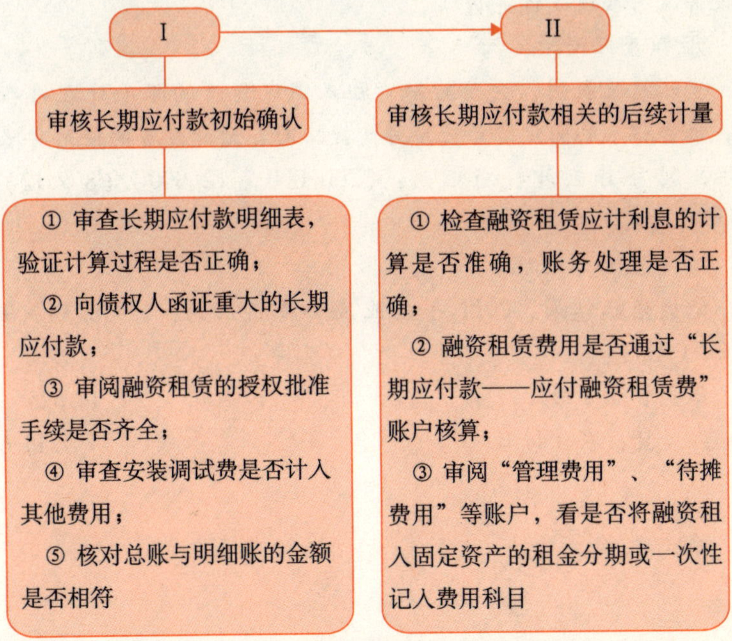

图5－4 企业长期应付款的审查流程及内容

【长期应付款查账案例】融资租入固定资产未计提折旧

① 疑点出现。

查账人员2012年1月审查2011年固定资产明细账时，发现当年3月企业融资租入一台不需安装的设备供管理部门使用，协议租金为200 000元，租赁期为5年，预计残值12 000元。查账人员发现这笔业务的会计分录过于简单，账务处理可能存在问题。

② 审查过程。

查账人员调阅当月租入固定资产的记账凭证，会计分录显示为：

借：固定资产——融资租入固定资产　　200 000

　　贷：长期应付款——应付融资租赁费　　200 000

查账人员继续查阅3月份之后的固定资产卡，发现该融资租入的设备没有按规定计提折旧。

③ 审查评论。

查账结果表明，企业对融资租入固定资产的账务处理存在问题，融资租入的固定资产应按月计提折旧。预计设备的使用年限为8年，则每月应计提折旧为：(200 000 − 12 000)/(8 × 12) = 1 958.33(元)。

④ 审查结果处理。

依据查账结果，2011年企业应补提折旧为：1 958.33 × 9 = 17 625(元)。

借：管理费用　　17 625

　　贷：累计折旧　　17 625

一看就懂的损益类科目核算

营业收入是指企业在从事销售商品、提供劳务和让渡资产使用权等日常经营业务过程中所形成的经济利益的总流入。分为主营业务收入和其他业务收入。本篇在解读企业营业收入审查中，主要从企业营业收入的常见错弊形式、实际案例中营业收入的审查流程两个方面展开。成本费用类是损益类科目的另一重点，主要包括生产成本、制造费用、期间费用等。

在这一章，你将会知道

◇ 企业收入必有来头：企业营业收入的审查。

◇ 哪些人需要懂资金预算。

企业收入必有来头：企业营业收入的审查

一、企业营业收入的常见错弊形式有哪些

企业营业收入相关的错弊形式如表6－1所示。

表6－1 企业营业收入的常见错弊形式

营业收入分类	主要错弊形式	具体表现
主营业务收入	销售发票开具不实，按需调利润	①涂改或撕毁产品销售发票、以收据代替或不开发票； ②发票中金额虚假，操纵收入金额，进而操控利润； ③年底开虚假发票虚增收入，下年作退货处理
	销售收入的入账时间不正确	①提早或延迟将预收账款确认为收入，操纵当期利润； ②提早或延迟办理托收承付手续，操纵当期利润； ③采用委托代销方式销售时，收到代销清单前提前确认收入，或延迟办理代销产品，达到操纵当期利润的目的
	收入金额不真实、不准确	①将发放福利的产品作为销售处理，虚增收入 ②未将作为利润分配的产品视为销售处理，少记收入； ③利用关联方交易价格人为操控利润； ④存在加工余料时，未记存货增加并确认营业收入，导致账外物资

（续表）

营业收入分类	主要错弊形式	具体表现
主营业务收入	利用销售退回调节利润	① 退回商品不入账，形成账外物资； ② 退回商品时不冲减销售收入，而是挂往来账，日后将其转出； ③ 为调节当期利润，退回商品时只冲减收入而不冲减相应的成本； ④ 利用虚假退货，达到舞弊的目的
	利用销售折让调节收入	① 销售折让与折扣事项未经审批，随意调整； ② 虚设折扣、折让事项，冲减销售收入，以便截留转移资金； ③ 随意变更折扣率和折让率，使企业蒙受损失； ④ 未在折让发生时冲减收入，而是作为期间费用入账
其他业务收入	其他业务收入列示内容、范围不合规	企业将主营业务收入、营业外收入与其他业务收入混淆，核算范围不清楚
	随意调节变更其他业务收入的入账时间	① 为了粉饰业绩将下年度收入列入本期； ② 将已实现的其他业务收入长时间不入账，以挪用现金
	截留、隐瞒、转移其他业务收入	① 销售材料收入未作其他业务收入处理，而是直接冲减成本； ② 未将出租固定资产、无形资产、包装物等，及对外提供的非工业性劳务收入作为其他业务收入处理

二、从实例看营业收入的审查流程

企业主营业务收入的审核流程如图6－1所示。

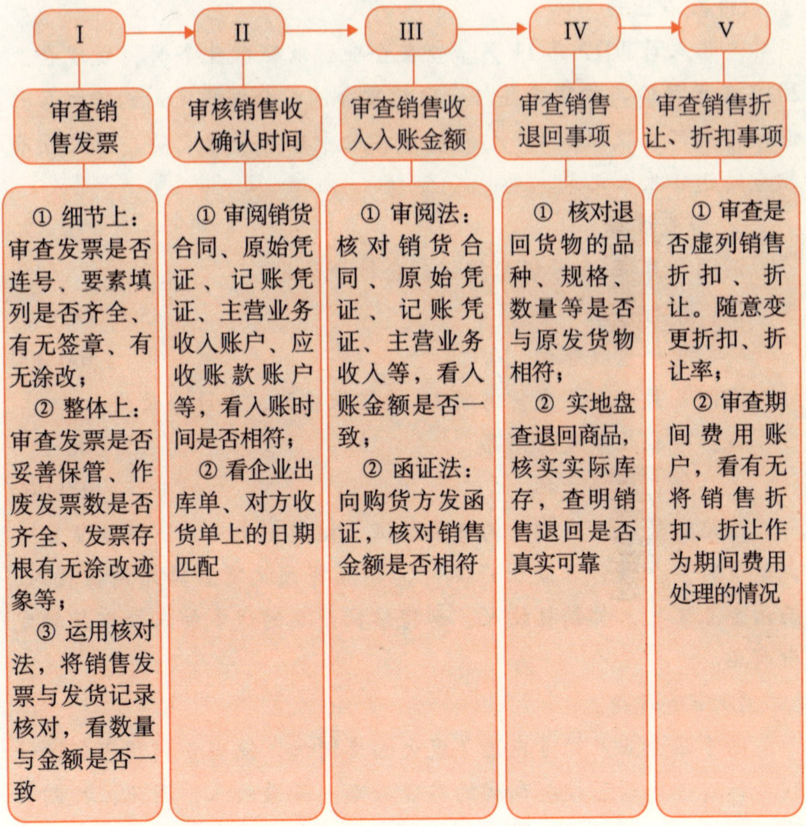

图6－1 企业主营业务收入的审查流程及内容

企业其他业务收入的审核通常采用“详查法”，逐笔审查。重点关注以下内容：

(1)审核发票中的销售内容是否有“材料”，材料销售应计入“其他业务收入”。

(2)审核原始凭证的签名和审批是否合规，业务发生时间与入账时间是否一致。

【企业营业收入查账案例1】隐瞒销售收入

① 疑点出现。

查账人员2012年11月审查某企业预收账款业务时，发现企业2012年5月份与购货方签订一项销货合同，合同规定，购货方5月份预付全部货款500 000元，销货方应于8月全部交货，但却没有相应的销售收入记录。

② 审查过程。

调阅5月份26号记账凭证，会计分录为：

借：银行存款　　500 000

　　贷：预收账款　　500 000

调阅8月份企业发货时的15号记账凭证，会计分录为：

借：分期收款发出商品　　300 000

　　贷：库存商品　　300 000

该记账凭证附有相关的发货凭证，按规定企业采用预收货款方式销售时，向预付方发出产品时，即应将预收货款转为销售收入，而该企业不仅未作销售收入，却将该批产品的成本转入分期收款发出商品。

③ 审查评论。

由于该企业产销量在该年度大幅度增加，使当年利润已超过计划目标过多，为了控制利润的实现数额、隐匿收入，因此，控制利润增长幅度以逃避交纳增值税、所得税。

④ 审查结果处理。

根据查账结果，企业隐匿了销售收入，应按规定补记销售收入，并结转成本。分录如下：

借：预收货款　　500 000

　　贷：主营业务收入　　427 350.4

应交税费——增值税(销项税额)　　72 649.6

借：主营业务成本　　300 000

　贷：分期收款发出商品　　300 000

【企业营业收入查账案例 2】虚假退货

① 疑点出现。

查账人员于 2012 年 2 月份审查某企业 2011 年 7 月份的退货业务时发现，7 月 15 号凭证所附的原始凭证只有被查单位开具的红字销售发票，以及购货方退回的未使用的被查单位开具的蓝字销售发票。按正常处理，还应附有仓库保管员签字的退货入库单，所以，查账人员怀疑这是一笔假退货。

② 审查过程。

调出 7 月 15 号销售退货业务的凭证，会计分录为：

借：主营业务收入　　30 000

　应交税费——应交增值税(销项税额)　　5 100

　贷：应收账款　　35 100

借：库存商品　　23 000

　贷：主营业务成本　　23 000

经盘查，财务人员承认与购货方(个体户)协商，被查单位收回开出的发票并开红字发票，以应付税务机关。同时，由个体户以现金方式支付，被查单位存入小金库。当询问财务人员为什么产成品账能账实相符时，财务人员承认，已将该笔虚增的产成品作盘亏处理。

调阅 7 月 35 号凭证，会计分录为：

借：待处理财产损溢　　23 000

　贷：库存商品　　23 000

调阅 7 月 41 号凭证，会计分录为：

借：管理费用　　23 000

　贷：待处理财产损溢　　23 000

③ 审查评论。

该企业利用虚假退货和虚报盘亏减少企业销售收入，虚增企业费用，从而使企业少交增值税、所得税。

④ 审查结果处理。

根据查账结果，由于以前年度的账，所以，在调账时应做以下分录：

借：银行存款　　35 100

　　贷：以前年度损益调整　　30 000

　　　　应交税费——应交增值税(销项税额)　　5 100

补交所得税，税率为25%，作如下分录：

借：以前年度损益调整　　7 500

　　贷：应交税费——应交所得税　　7 500

借：以前年度损益调整　　22 500

　　贷：利润分配——未分配利润　　22 500

以净利润的10%计提盈余公积，作如下分录：

借：利润分配——未分配利润　　2 250

　　贷：盈余公积　　2 250

哪些人需要懂资金预算

一、如何进行生产成本的审查

1. 企业生产成本的常见错弊形式有哪些

生产成本是企业生产产品、提供劳务所发生的人、财、物的耗费，主要包括直接材料、直接人工、制造费用三大项目，对生产成本业务的审查主要应关注有关费用的计算、归集、分配是否正确、合理，主要的错弊表现如表 6 - 2 所示。

表 6 - 2 企业生产成本的常见错弊形式

错弊形式	具体表现
偷梁换柱，乱列成本	① 将不属于产品成本负担的费用列入成本项目中，虚增成本； ② 将应属于生产成本开支的费用列入其他支出中，虚减成本
偷换时期，调节成本	① 将应由本期和以后各期共同分担的材料全部计入本期产品成本，虚增本期成本； ② 将应由以前各期预提的费用全部列入本期生产成本中，虚增本期成本
虚估产品成本	① 随意改变在产品与产成品期末分配方法，人为调节当期盈亏； ② 采用高定额或低定额成本的做法调节利润
隐瞒企业对外投资	将用实物进行的投资不记入长期投资账户，而是将其直接记入生产成本

2. 从实例看生产成本的审查流程

实务中，生产成本的审查对于企业控制成本非常重要，常用的方法有审阅法、核对法、调查法、盘点法、分析法和复核法等，分各成本项目进行审查。

针对不同的错弊形式，生产成本审核重点各不相同，但整体而言，审查要经过以下流程，如图6－2所示。

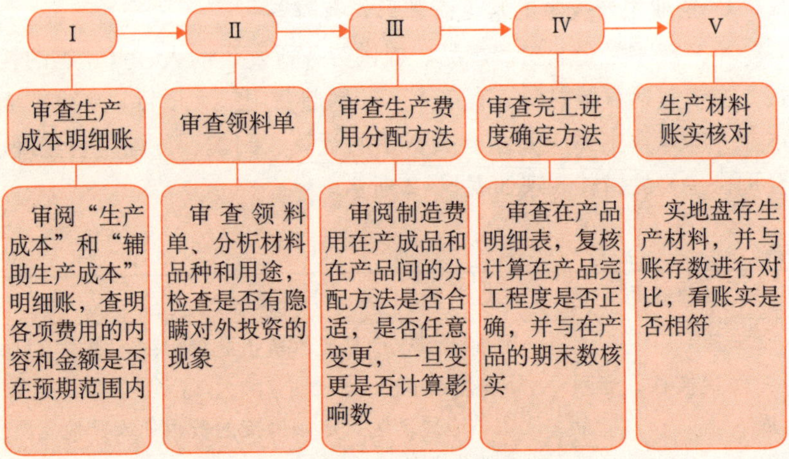

图6－2　企业生产成本的审查流程及内容

【生产成本查账案例】虚增生产成本

① 疑点出现。

查账人员2012年底对某工业企业进行财务检查时，发现该厂本年度“委托加工材料”账户有红字余额，同时，注意到下半年转出数中自制半成品用于生产或出售时其单价上升较为明显，另外，从总体上看，企业下半年利润明显低于去年同期水平。但销售收入与数量相对稳定，几种主要产品的售价还较上年有所上升。通过分析，利润下降的主要原因在于生产成本上升较快，进一步分析是由于自制半成品成本上升较快，而自制半成品是委托外单位加工的。

② 审查过程。

查账人员在“委托加工材料”明细账中，抽查两笔金额较大的会计业务，发现对应账户均为“自制半成品”，查其所附原始凭证，却未发现应附有的收回加工材料的入库单据，也无加工费账单及银行转账凭证等原始单据，由此，断定该业务是虚假的。其会计分录为：

借：自制半成品　　6 400 000

　　贷：委托加工材料　　6 400 000

借：生产成本　　6 400 000

　　贷：自制半成品　　6 400 000

③ 审查评论。

该企业为了缩小年度利润，有意虚列成本费用，于下半年多次以外协加工名义伪造委托加工收回核算业务，虚构自制半成品成本，且虚构自制半成品用于生产中，虚增生产成本 6 400 000 元。

④ 审查结果处理。

根据查账结果，由于查证的是本年度的账务，调账时直接将虚增的 6 400 000 元生产成本冲回即可：

借：委托加工材料　　6 400 000

　　贷：生产成本——基本生产　　6 400 000

二、如何进行制造费用的审查

1. 企业制造费用的常见错弊形式有哪些

制造费用属于成本中的间接费用，一般不易确认是为生产哪批产品或哪件产品而发生，不能直接记入某一产品的生产成本，但又为生产所必需，因此，需要在期末按一定的方法在不同产品之间分配，通过分配记入产品成本。制造费用业务常见的错弊形式如表 6－3所示。

表 6-3　企业制造费用的常见错弊形式

项　目	具体表现
“制造费用”的错弊形式	将不属于制造费用范围的支出列入“制造费用”账户中，致使产品成本虚增
	将不属于本期列支的制造费用列入本期“制造费用”
	将该列入制造费用的开支未列入，以虚减成本
	直接虚增、虚减制造费用以调节当期利润
	不按规定办法分配制造费用，造成分配不实，以此调节当年利润

2. 从实例看制造费用的审查流程

制造费用的审查流程如图 6-3 所示。

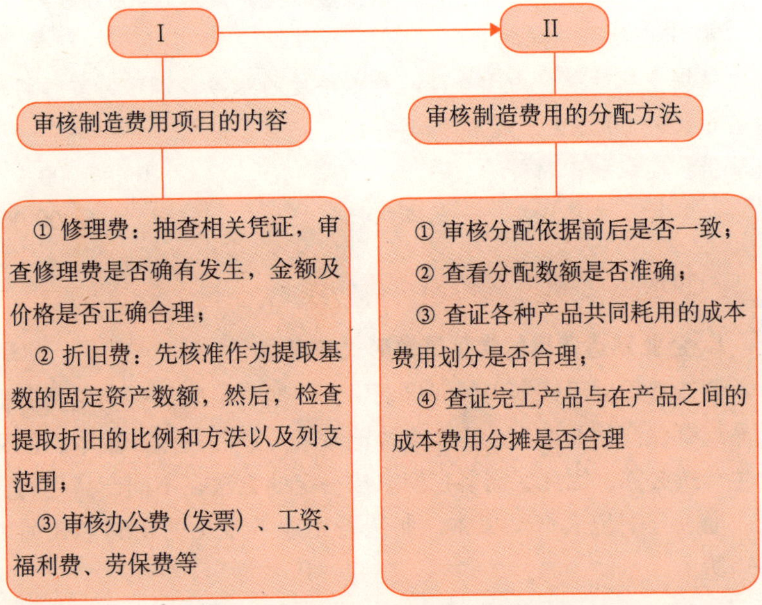

图 6-3　企业制造费用的审查流程及内容

【制造费用查账案例】虚列制造费用

① 疑点出现。

查账人员在审查某企业2012年“制造费用”时，发现该企业3月份的制造费用数额明显增多，于是产生怀疑。

② 审查过程。

调出3月30日67号记账凭证，会计分录为：

借：制造费用　　　　100 000

　　贷：累计折旧　　　　100 000

询问有关财务人员，获悉企业将车间里出租的固定资产提取的折旧列入制造费用。

③ 审查评论。

企业出租的资产租金收入，应计入“其他业务收入”，在出租过程中发生的成本、支出应计入“其他业务支出”，如出租固定资产计提的折旧、出租固定资产发生的修理费等。该企业这笔业务的会计处理违反了规定，同时也减少了其他业务支出，虚增了企业其他业务利润。

④ 审查结果处理。

依据查账结果，编写如下调账分录：

借：其他业务支出　　　　100 000

　　贷：制造费用　　　　100 000

三、如何进行期间费用的审查

1. 企业期间费用的常见错弊形式有哪些

期间费用是指企业在生产经营期间发生的不受产品产量变动的影响，不记入产品成本而应该由当期损益负担的费用，主要包括：管理费用、财务费用、销售费用，它们分别核算企业经营管理过程中发生的各项期间费用。期间费用的主要错弊表现形式如表6－4所示。

表 6-4　企业期间的常见错弊形式

错弊形式	具体操作
混淆生产成本、期间费用与其他支出	将生产经营中的成本费用按自身需要进行不合规的账务处理
挤占、虚列有关费用，操纵利润	根据自身需要，任意填列期间费用的金额
任意扩大开支范围，提高开支标准	① 加大提取折旧额、缩短长期待摊费用的摊销期； ② 超标准列支业务招待费、差旅费
利用汇兑损益操纵利润	任意按高于或低于账面汇率的期末汇率计算人民币金额，制造汇兑损失或汇兑收益，操控当期利润
将产品出售收入私吞，成本转入期间费用	以捐赠、报销等名义列支费用，将商品作为福利或低价出售
利用报销手段，进行贪污舞弊	采用虚报冒领、涂改发票、开假发票等多种形式进行贪污舞弊

2. 从实例看期间费用的审查流程

期间费用是企业日常经营中发生的经常性开支，容易发生错弊。三种期间费用的审查流程及内容如图 6-4 所示。

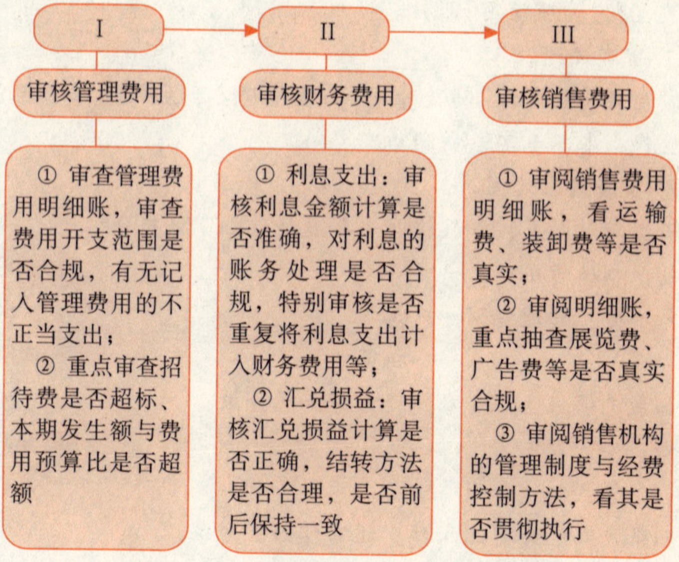

图6－4　企业期间费用的审查流程及内容

【期间费用查账案例】虚列管理费用

①疑点出现。

查账人员在审查某企业2012年3月份的“管理费用”明细账时，发现本月计入“管理费用”中的工资费用和折旧费用与上月相比有明显的增长，于是产生怀疑。

②审查过程。

调阅2012年3月31日45号和46号记账凭证，会计分录为：

借：管理费用——工资	360 000	
贷：应付职工薪酬——工资		360 000
借：管理费用——折旧费	144 000	
贷：累计折旧		144 000

经过查阅原始凭证并询问有关财务人员，得知该企业将应计入“制造费用”的车间管理人员工资60 000元和设备折旧费86 000元

计入了当期“管理费用”账户。

③ 审查评论。

该企业将应计入“制造费用”的费用挤占、虚列计入管理费用，造成生产成本不真实，利润虚减。

④ 审查结果处理。

根据审计结果，如果错账当年发现作如下调整分录：

借：制造费用　　146 000

　　贷：管理费用——工资　　60 000

　　　　　　　　——折旧费　　86 000

如果已转入生产成本，还需作如下分录：

借：生产成本　　146 000

　　贷：制造费用　　146 000

如果产品已经完工入库，还需作如下分录：

借：产成品　　146 000

　　贷：生产成本　　146 000

如果错账在次年发现，补交所得税，25%的税率，作如下分录：

借：制造费用　　146 000

　　贷：应交税费——应交所得税　　36 500

　　　　以前年度损益调整　　109 500

借：以前年度损益调整　　109 500

　　贷：利润分配——未分配利润　　109 500

以净利润的10%计提盈余公积，作如下分录：

借：利润分配——未分配利润　　10 950

　　贷：盈余公积　　10 950

一看就懂的所有者权益类科目核算

所有者权益类科目是用来反映企业所有者权益的增减变动及其结存情况的账户。所有者权益是指资产扣除负债后由所有者享有的剩余权益，又称为股东权益。所有者权益来源包括所有者投入的资本、直接计入所有者权益的利得与损失、留存收益等。

在这一章，你将会知道

◇ 摸清企业到底有多少资本：实收资本的审查。

◇ 资金往来清白，资本公积更要查：资本公积的审查。

◇ 确保稳健经营：盈余公积的审查。

◇ 资金去向明确：利润分配的审查。

摸清企业到底有多少资本：实收资本的审查

一、企业实收资本的常见错弊形式有哪些

企业实收资本的错弊形式如表 7－1 所示。

表 7－1 企业实收资本的常见错弊形式

错弊形式	具体操作
投资者出资方式不合理	投资者投资资金的金额、比例不符合相关准则的规定
银行借款作为资金投入	投资方把银行借款作为投入资金，资本注册完毕后再抽回资金归还借款
固定资产投资作价不实	以旧的固定资产投资，瞒报折旧额、提高出资额
用租入资产、无形资产投资	把租入资产、无价值的无形资产进行投资
暗中抽回投资	利用利益关系，把投入企业的资金或实物资产暗中抽回

二、从实例看实收资本的审查流程

实务中进行实收资本审查时，应遵循一定的审核流程，如图 7－1所示。

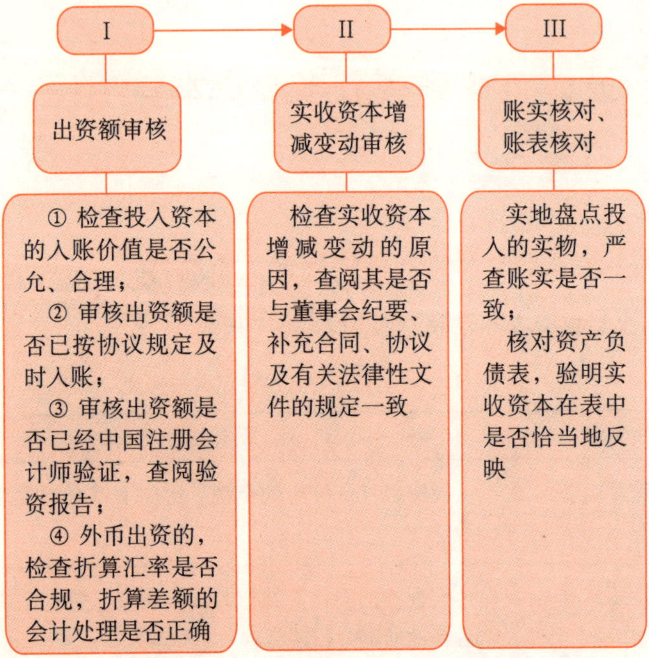

图 7－1　企业实收资本的审查流程

【实收资本查账案例】错列实收资本

① 疑点出现。

查账人员在审查“实收资本”账户时发现，有一笔234 000元的货币投资额没有注明投资者。查账人员觉得不符合常规，怀疑是否存有转移收入的可能，于是开始审查。

② 审查过程。

首先，抽调了相应附有银行进账单的记账凭证：付款单位为某建筑公司，是被审查企业生产材料的下级企业。

向付款公司发函证得知，对方曾从本企业购买材料，加上增值税一共234 000元。但本企业的账目上无此项记录。

查账人员核对实收资本记账凭证附有的银行进账单日期发现，

与建筑公司支付材料款的日期相差 1 天。

经过向财务人员的进一步询问，查账人员得到确切证据证明，这笔没有投资者的 234 000 元实收资本实为销售收入款。

③ 审查评论。

相关工作人员为了降低企业当期利润，少缴税金，错误地将“销售收入”计入“实收资本”账户。

④ 审查结果处理。

根据查账结果，企业对相关工作人员进行了处罚，并做如下账务调整：

借：主营业务收入　　234 000

　　贷：实收资本　　234 000

资金往来清白，资本公积更要查：资本公积的审查

一、企业资本公积的常见错弊形式有哪些

企业资本公积的错弊形式如表7－2所示。

表7－2　企业资本公积的常见错弊形式

错弊形式	具体操作
核算内容不真实	①接受捐赠的资产拒不入账，存入个人"小金库"； ②将资本溢价作为当期收益入账，达到调控利润的目的
资本公积使用不当	①擅自把资本公积用于发放奖金或福利； ②不符合增资条件，却将资本公积擅自转增资本

二、从实例看资本公积的审查流程

实务中进行资本公积审查时，应遵循一定的审核流程，如图7－2所示。

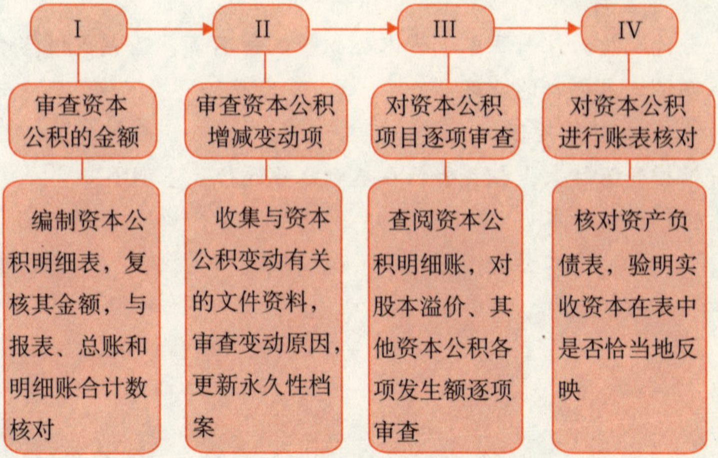

图7－2　企业资本公积的审查流程

【资本公积查账案例】混淆概念导致记账错误

① 疑点出现。

查账人员进行实收资本审查时，发现企业登记备案的注册资本为3 000 000(已知股票每股面值为1元)。但查账过程中，实收资本余额显示为3 300 000元。查账人员决定弄清楚实收资本形成的过程。

② 审查过程。

经调查，企业自注册后，没有任何其他形式的增资。在首次发行股票时，查账人员抽取记账凭证，发现会计分录为：

借：银行存款　　3 300 000

　　贷：实收资本　　3 300 000

经询问，企业发行股票时以1.10元/股的价格溢价发行。但依据会计法规规定，发行收入超过注册资本的部分应计入“资本公积”。

③ 审查评论。

会计人员对注册资本、资本公积等概念不清，造成虚增实收资本、漏记资本公积的状况。

④ 审查结果处理。

根据查账结果，相关会计人员对账务进行如下调整：

借：实收资本　　300 000

　　贷：资本公积　　300 000

确保稳健经营：盈余公积的审查

一、企业盈余公积的常见错弊形式有哪些

企业盈余公积的错弊形式如表7－3所示。

表7－3 企业盈余公积的常见错弊形式

错弊形式	具体操作
提取比例不符合规定	为多给股东分红，不按规定的比例提取盈余公积，少提甚至不提
盈余公积的使用不合规定	盈余公积转增资本后，留存部分少于企业注册资本的25%； 法定盈余公积金不用于职工福利支出，而是用于发放劳保用品； 企业亏损时，盈余公积未按规定用来弥补亏损，而用于福利设施建设或其他支出

二、从实例看盈余公积的审查流程

实务中进行盈余公积的审查时，应遵循一定的审核流程，如图7－3所示。

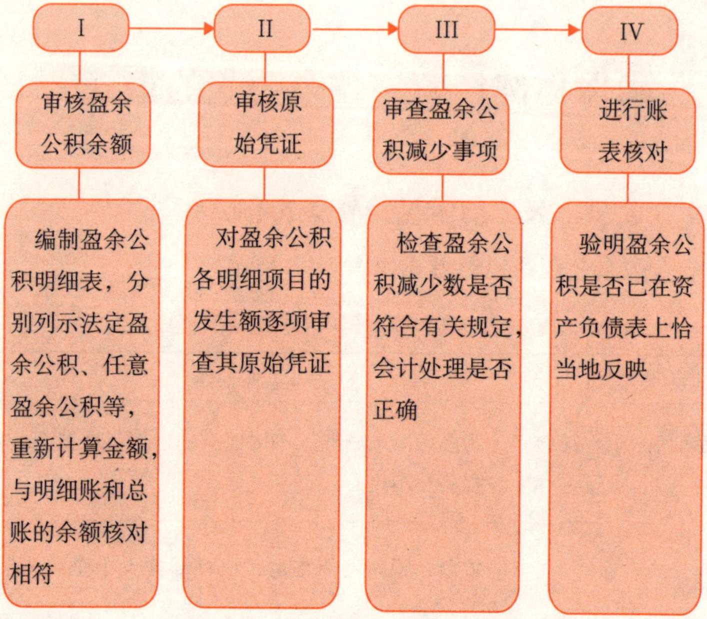

图 7－3　企业盈余公积的审查流程

【盈余公积查账案例】盈余公积科目使用不正确

① 疑点出现。

2012 年 3 月 20 日，查账人员在审查某企业 2011 年盈余公积的二级科目“任意盈余公积”明细账时，发现 2011 年 12 月份 45 号凭证摘要栏内容为“股利收入”，金额为 100 000 元。查账人员怀疑这笔账务处理可能有问题。

② 审查过程。

调出 45 号凭证，凭证后附有一张银行入账单，付款理由显示为：年底分派股利，会计分录为：

借：银行存款　　　　　　　　　　　　　　　100 000

　　贷：盈余公积——任意盈余公积　　　　　　　　100 000

经查证，该企业存有长期股权投资。

③ 审查评论。

长期股权投资取得的利息收入应计入“投资收益”，但企业却错将其计入“盈余公积”，减少了当期利润和应交税金。

④ 审查结果处理。

根据上述审查结果，企业按25%的税率缴纳所得税，应作如下账务调整：

借：盈余公积——任意盈余公积　　100 000

　　贷：以前年度损益调整　　75 000

　　　　应交税金——应交所得税　　25 000

借：以前年度损益调整　　75 000

　　贷：利润分配——未分配利润　　75 000

以净利润的10%计提盈余公积，作如下分录：

借：利润分配——未分配利润　　7 500

　　贷：盈余公积　　7 500

资金去向明确：利润分配的审查

一、企业利润分配的常见错弊形式有哪些

企业利润分配的常见错弊形式如表 7－4 所示。

表 7－4　利润分配的常见错弊形式

错弊形式	具体操作
利润分配顺序的错弊	在实际工作中，存在着分配顺序不对的会计错弊
利润分配标准的错弊	利润分配中的一些项目是有着明确的规定的，实际工作中存在不按规定标准进行分配的现象
向投资者分配的利润不真实、不正确，向投资者分配利润的账务处理不正确	有些企业在未交所得税、未提取盈余公积金的情况下，直接按利润总额计算向投资者分配的利润，也有企业向投资者过度分配，使得“利润分配——未分配利润”年末余额出现借方余额

二、从实例看利润分配的审查流程

实务中进行利润分配审查时，应遵循一定的审核流程，如图 7－4 所示。

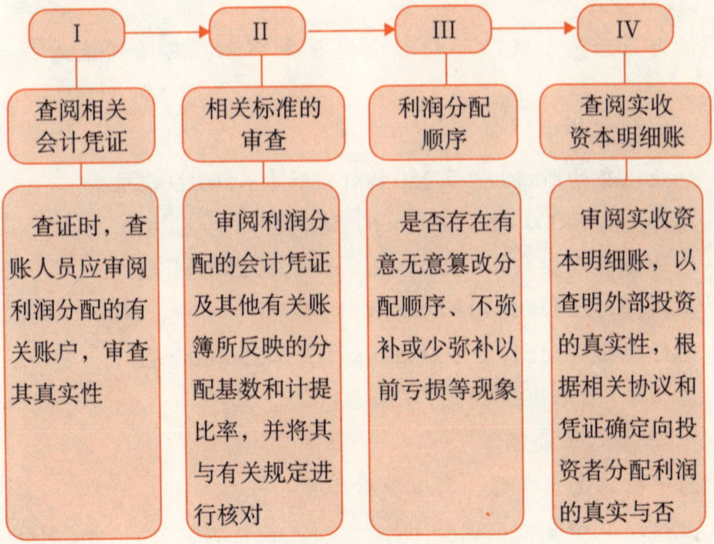

图 7－4　利润分配的审查流程

【利润分配查账案例】利润分配的顺序错误

① 疑点出现。

查账人员在审查某企业 2012 年“利润分配”账户时发现，某企业当年接受某公司投资 1 500 000 元，占企业实收资本总额 15 000 000元的10%，当年该企业实现利润2 500 000 元，该企业在未交纳所得税、未提取盈余公积的情况下，即按 2 500 000 元的 10% 分配给该公司利润。

② 审查过程。

调出 12 月 51 号凭证，会计分录为：

借：利润分配——应付普通股股利　　250 000

　　贷：应付股利——某公司　　250 000

所得税按上述利润分配后的数额来交纳，同时，盈余公积也按利润分配后的数额 2 250 000(2 500 000－250 000)元来计提。

③ 审查评论。

该企业为了少交所得税和少提盈余公积，而错误地进行利润分配。

重新计算如下：

企业已交纳所得税：2 250 000×25% =562 500 元，

应补交 625 000－562 500 =62 500 元。

已计提盈余公积：2 250 000×10% =225 000 元，

应扣提：225 000－187 500 =37 500 元。

已付某公司利润：2 500 000×10% =250 000 元，

应扣回：250 000－159 375 =90 625。

④ 审查结果处理。

因审核的是当年账，作如下分录：

借：以前年度损益调整　　62 500

　　贷：应交税费——应交所得税　　62 500

借：利润分配　　62 500

　　贷：以前年度损益调整　　62 500

借：盈余公积　　37 500

　　贷：利润分配　　37 500

借：应付股利　　90 625

　　贷：利润分配　　90 625

透过一角观冰山全貌：财务报表的审查

财务报表亦称对外会计报表，是会计主体对外提供的反映会计主体财务状况和经营的会计报表，包括资产负债表、损益表、现金流量表或财务状况变动表、附表和附注。对报表有关内容的检查是报表检查的核心，即对报表中有关数据进行审查分析，并进一步观察企业经营活动的合规性、合法性和有效性。

在这一章，你将会知道

◇ 确保财务状况准确反映：资产负债表的审查。

◇ 确保经营成果有据可依：利润表的审查。

◇ 确保所有者权益变动有迹可循：所有者权益变动表的审查。

确保财务状况准确反映：资产负债表的审查

一、资产负债表的常见错弊形式有哪些

资产负债表常见的错弊形式如表 8－1 所示。

表 8－1　资产负债表常见错弊形式

错弊形式	具体操作
数据不一致	资产负债表与账簿记录的数据不一致
资产负债表虚假平衡	即人为地破坏报表内部的联系与勾稽关系，强行使之平衡
格式不正确	资产负债表格式不符合相关规定、项目不完整，造成少记、错记或漏记有关项目的数据

二、从实例看资产负债表的审查流程

实务中进行资产负债表审查时，应遵循一定的审核流程，如图 8－1 所示。

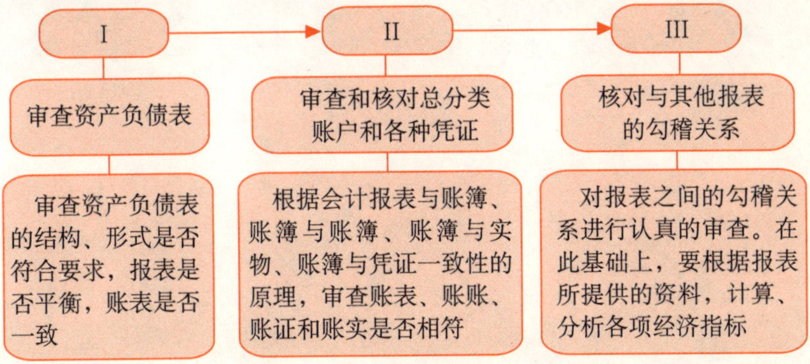

图 8－1　资产负债表的审查流程

【资产负债表查账案例】表表不符现象屡见不鲜

① 疑点出现。

某会计师事务所的审计人员在对一企业年度报表的审计中发现这样的问题：该企业近年来未进行任何长、短期投资，资产负债表中长、短期投资均为零，但在“投资收益”项目中却记了100万元（假设营业税率为5%）。

② 审查过程。

检查企业投资收益账户发现，企业投资收益来源于一笔装修业务，企业为了逃避建安业营业税，而将装修收入列入投资收益，造成表表不符。

③ 审查评论。

将装修收入列为投资收益造成应支付的营业税减少，应该做相反分录进行调整。

④ 审查结果处理。

借：投资收益　　　　　　　　　　　　1 000 000

　　贷：主营业务收入　　　　　　　　　　　1 000 000

借：营业税金及附加　　　　　　　　　　50 000

　　贷：应交税费——应交营业税　　　　　　　50 000

确保经营成果有据可依：利润表的审查

一、利润表的常见错弊形式有哪些

利润表常见的错弊形式如表8－2所示。

表8－2 利润表常见的错弊形式

错弊形式	具体操作
报表上的数据来源与账簿不相符	报表上填列的数据与账簿记录的数据不一样
项目填列的内容不真实、不可靠	收入确认不符合规定，费用归集不正确等
数字填列不真实、不可靠	成本虚增、虚减，各收入项目混淆不清等
利润表结构不完整	格式不符合规定，项目不完整等

二、从实例看利润表的审查流程

实务中进行利润表审查时，应遵循一定的审核流程，如图8－2所示。

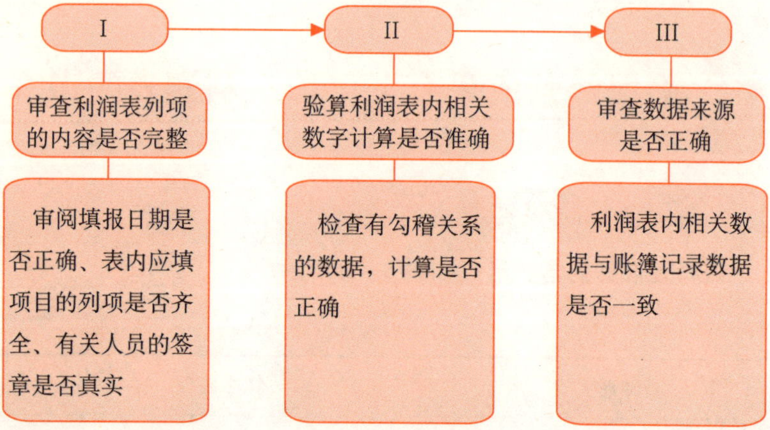

图 8－2　利润表的审查流程

【资产负债表查账案例】开设黑户，隐瞒收入

① 疑点出现。

审查人员在审阅分公司 2012 年 9 月利润表与现金流量表时发现，本月主营业务收入增加不少，但现金流量表中“销售商品或提供劳务收入的现金”一栏却变化不大。审查人员在审阅银行存款日记账时发现，9 月 20 日 42 号凭证摘要为“甲公司退货”，金额为 500 000 元。该笔货款的收款时间为 9 月 17 日，审查人员觉得可疑。

② 审查过程。

审查人员调出收款记账凭证，上面的会计分录为：

借：银行存款　　500 000

　　贷：应收账款　　500 000

记账凭证后面附银行进账单一张，付款方为山东某公司。

审查人员再查阅退货款记账凭证，其会计分录为：

借：主营业务收入　　500 000

　　贷：银行存款　　500 000

此记账凭证后面附有附件二张，一张为转账支票，一张为分公司的退货发票。审查人员向山东某公司进行函证，获悉对方没有发生任何退货业务。

分公司经理说出了事情的原委。乙公司是分公司经理利用银行工作员的关系开设的，是分公司的小金库。

③ 审查评论。

分公司利用假退款的形式私开黑户作为公司的小金库，总金额已达 800 000 元。

④ 审查结果处理。

公司管理者知道这一情况后，对分公司经理及相关人员予以降职处分，所谓的乙公司的全部收入属于公司的主营业务收入，并撤销乙公司账户。

收回余款 800 000 元时，作分录如下：

借：银行存款　　　　800 000

　　贷：主营业务收入　　　　800 000

确保所有者权益变动有迹可循：所有者权益变动表的审查

一、所有者权益变动表的常见错弊形式有哪些

所有者权益变动表常见错弊的形式如表 8－3 所示。

表 8－3　所有者权益变动的常见错弊形式

错弊形式	具体操作
投资的缴纳时间、数额、比例不合规定	出资方逾期未缴，或者缴纳数额低于规定比例
投入资本的入账依据和入账价值不正确	如无形资产的估价不合理，实物计价不正确，汇率选定不合理等
资本增加、转让未按规定	如随意增加资本金，以公积金转作资本金，甚至隐瞒收入，直接借记银行存款，贷记实收资本，达到少算利润、逃避税收的目的
随意增减资本金，违反资本保全原则	如有的企业将本应列作营业外支出的固定资产盘亏、对外投资亏损作为投资收益的减项，直接借记实收资本，冲减资本金，以及随便抽回投资等
将不属于盈余公积金的内容列入盈余公积	如把本应作为资本公积的捐赠资产价值作为盈余公积，或者由于债权方原因无法支付的有关负债作为盈余公积核算
提取盈余公积的操作不合法	提取盈余公积的基数不是税后利润，提取的比例不合法

（续表）

错弊形式	具体操作
盈余公积的使用不合法	如盈余公积转增资本后，低于注册资本的25%
混淆了公益金与一般盈余公积的界限	如公益金支付职工集体福利设施建设后，没有转回为一般盈余公积

二、从实例看所有者权益变动表的审查流程

实务中进行所有者权益变动审查时，应遵循一定的审查流程，如图8－3所示。

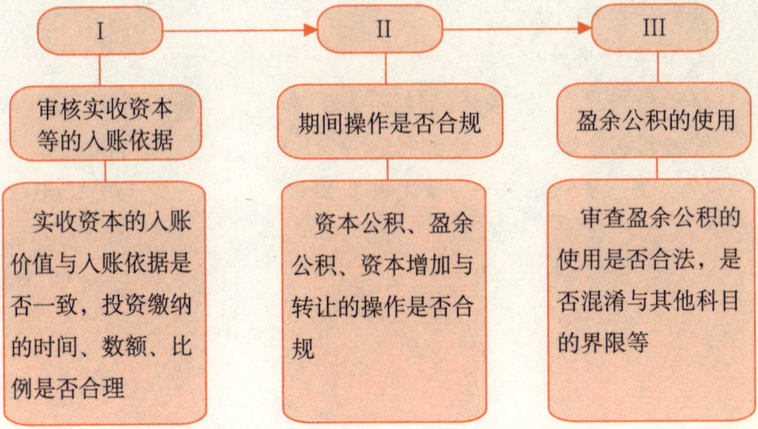

图8－3　所有者权益的审查流程

【所有者权益查账案例】盈余公积使用不合法

①疑点出现。

查账人员在审查某企业“盈余公积”总账下的“法定盈余公积”明细账时，发现其中一笔借方记录显示的业务内容为“支付投资方

利润”。查账人员怀疑其有盈余公积使用不当的问题。

② 审查过程。

查账人员调阅了209号记账凭证，所显示的会计分录为：

借：盈余公积　　500 000

　　贷：银行存款　　500 000

摘要内容为“付给投资者利润”。接着，查账人员查阅了该企业“本年利润”账户，发现该企业本年实现利润(税后)为1 000 000元，提取了20%即200 000元的盈余公积，剩余800 000元全部转为未分配利润。

③ 审查评论。

盈余公积除非弥补亏损，否则不能直接分配给投资者。该企业当年盈利，且盈利大于分配给投资者的利润，因此，所分配利润不应从盈余公积中列支。

④ 审查结果处理。

分配利润应冲减“未分配利润”账户余额，作如下调账：

借：利润分配——未分配利润　　500 000

　　贷：盈余公积——法定盈余公积　　500 000